Religion et politique

Les Rendez-vous de l'Histoire
Blois 2005

Dans la collection « étude(s) »

Le Crime et le pouvoir
Ouvrage collectif (*Les Rendez-vous de l'Histoire*, Blois 1998)

Histoire et Nourritures terrestres
Ouvrage collectif (*Les Rendez-vous de l'Histoire*, Blois 1999)

Les Utopies, moteurs de l'Histoire ?
Ouvrage collectif (*Les Rendez-vous de l'Histoire*, Blois 2000)

L'Homme et l'environnement : quelle histoire ?
Ouvrage collectif (*Les Rendez-vous de l'Histoire*, Blois 2001)

L'Étranger
Ouvrage collectif (*Les Rendez-vous de l'Histoire*, Blois 2002)

L'Afrique
Ouvrage collectif (*Les Rendez-vous de l'Histoire*, Blois 2003)

Les femmes dans l'histoire
Ouvrage collectif (*Les Rendez-vous de l'Histoire*, Blois 2004)

ISBN 2-84729-060-5

Religion et politique

Les Rendez-vous de l'Histoire
Blois 2005

Textes de Régis Debray, Paul Veyne,
Sylvie Brunel, Rudolph von Thadden et René Rémond
Débats animés par Laurent Wirth, Jean-Pierre Chrétien,
Alain Forest et Isabelle Lespinet

Les textes ici rassemblés sont issus de conférences et de tables rondes prononcées lors des *Rendez-vous de l'Histoire* de Blois, organisées par le Centre Européen de Promotion de l'Histoire, du 13 au 16 octobre 2005.

« Pour une sacralité profane »*

Conférence inaugurale de Régis Debray

Marier l'eau et le feu ? Cet oxymore, quand on se veut laïque et rationaliste, tient de l'absurde, voire du sacrilège. Force nous est cependant de constater qu'à la différence des actes de connaissance, le lien social est suspendu à un surplomb symbolique. C'est du moins la thèse soutenue dans la conférence inaugurale du Huitième Rendez-vous de l'Histoire, qui s'est tenu à Blois en octobre 2005, autour du thème « Religion et Politique ».

Je mesure trop bien le sacrifice que vous avez consenti, cher Jean-Noël Jeanneney, merci Francis Chevrier, en conviant à cette inauguration, je crois pour la première fois depuis huit ans, un philosophe à comparaître devant des gens sérieux. Chacun connaît la méfiance des historiens envers les idées générales et l'esprit de système (pour ne rien dire, *horresco referens*, des philosophies de l'histoire). Cette allergie professionnelle, qui va de l'indifférence narquoise, ou *benign neglect*, à l'horripilation épidermique, relève sans doute d'une autodéfense immunitaire. Son symptôme le plus constant est cette objection aussi imparable qu'immanquable, à laquelle il faut d'avance se résigner : « Allons donc, c'est beaucoup plus compliqué que ça. Vous simplifiez outrageusement, vous schématisez, redescendez sur terre. » Le pire est que c'est vrai. La terre, elle, ne ment pas, comme dirait l'autre. En tout cas, le territoire est toujours plus compliqué et passionnant que la carte aux cent millièmes,

* Conférence inspirée d'un texte publié dans le numéro 6 de la revue *Médium* dont l'auteur reprend le titre.

et l'on ne fait pas le tour des siècles en tirant trois tiroirs conceptuels du fond de son bureau. On comprend l'irritation de ceux qui s'échinent aux relevés de terrain face aux pensées de survol, mais l'opposition entre l'occurrence et le type, la circonstance et la tendance, entre une physionomie individuelle et l'anatomie comparée, relève le plus souvent du malentendu. Un modèle d'intelligibilité ne disqualifie pas l'exploration du cas d'espèce. Ils peuvent même s'aiguiser mutuellement. Souffrez dès lors qu'un fantaisiste, que l'exégèse livresque endort mais que l'événement empirique réveille, se pose à voix haute devant vous la question de l'anthropologue (et non du propagandiste ou du moraliste). Constantin, Saladin, Savonarole ; Julien l'Apostat, Saint Louis, Mao Tsé-Toung ; France, États-Unis, Irak… Y a-t-il un *invariant qui se dégage de ces variations sans rapport évident entre elles*, et si oui, lequel ? N'y aurait-il pas, au cœur et par-dessous ces flux et reflux d'exaltation messianique ou de gel doctrinal, une sorte de temps immobile ? Ne peut-on poser ou supposer une logique souterraine et persistante sous tant de furies manifestes ? Ma conviction est que oui, le oui peut s'argumenter, appelons cela la folie - ou l'idiotie - du philosophe.

Je ne ferai donc pas mien ici le noble souci d'écraser l'infâme. Ni celui de souligner l'ascendance biblique et chrétienne des Droits de l'homme. Outre qu'un même homme peut soutenir l'un et l'autre, puisque lutter contre le cléricalisme n'interdit pas de savoir ce que l'histoire tout court doit à celle des religions, ma question sera plus triviale. Elle s'énoncerait ainsi : pourquoi le Christ, Mahomet, Bouddha ou Lao-Tseu restent des contemporains pour des millions d'êtres humains, quand les mêmes ont tourné la page des lampes à huile, de la houe et des moulins à eau ; pourquoi les prétendues névroses infantiles de l'humanité, comme disait Freud, ne passent pas, ou si mal, quand elle arrive soi-disant à l'âge adulte ; à quelle nécessité profonde renvoient ces traditions de croyance multimillénaires, et plus que jamais inflammables à l'ère des blogs et des téléphones portables ? Bref, en le distinguant du souci spirituel, qui est d'ordre privé et personnel (le spirituel, c'est un individu, la religion, c'est une foule), pourquoi le *fait* religieux est-il politiquement aussi têtu ?

Dénoncer les barbaries commises au nom des Écritures saintes, prôner la tolérance, encourager un sain relativisme, permettre à César de respirer dans son coin et limiter Dieu au for privé : quel homme sensé ne serait pas d'accord avec ce programme minimum ? La foi d'un côté, la raison de l'autre. Respect mutuel. Équilibre et cohabitation. Cette dissociation, qui doit peut-être quelque chose aux dualismes grec et biblique, ce dédoublement est la sagesse même, politiquement optimale et moralement rassurante : non-négociable. Le malheur est qu'au regard de l'histoire longue, préhistoire incluse, ce n'est pas ce qui domine dans le tableau. Aussi loin que porte la vue, on ne discerne pas un vis-à-vis, ni même un côte à côte entre deux termes étrangers ou distincts : religion d'un côté, politique de l'autre. Comme seraient chien et chat, comme le Bien et le Mal. Sans remonter aux prêtres-rois, aux faiseurs de pluie des sociétés sans écriture, ou aux Fils du Ciel de la Cité interdite, ce qu'on peut savoir de nos propres origines témoigne plutôt d'un domaine *indivis* : même si l'Église chrétienne a mis un peu de temps, deux siècles, avant de se meubler en style Empire, le politique s'est partout et d'emblée installé dans les meubles du religieux. À preuve notre vocabulaire le plus courant : les *ministres* l'ont d'abord été des Cultes, on parle de leaders *charismatiques*, et dans nos hiérarchies administratives, il y a le grec *hieros*, sacré. Raison de plus, dira-t-on, pour ne pas relâcher la vigilance, même si le stade chamanique, mythologique et théocratique de nos organisations collectives, n'est plus qu'un souvenir. Point besoin d'avoir lu Freud pour savoir qu'on n'est jamais quitte avec son enfance, et que le passé est cela qui fait retour. Mais il y a pire. Si on se fonde sur sa propre expérience, sur ses propres *enthousiasmes* (étymologie : le divin en soi), mais aussi et surtout sur la documentation disponible, il apparaît qu'une action collective tournée vers l'avenir requiert des acteurs une croyance irrationnelle, disons l'adhésion à une proposition proprement indécidable. Cette source d'énergie psychique, qui se donne pour vérité, mais qu'on ne peut ni prouver ni réfuter, le psychanalyste la nomme *illusion*, le croyant parle de *foi*, et le commun des mortels de *conviction*, dont la force n'est plus à démontrer. L'objet peut en être son ethnie, son pays, Dieu, le sens de l'Histoire, la Science, le Progrès, etc. Devant le défilé de ces entraînantes majuscules, on ne peut se défendre de l'impression que tout regroupement, fût-il sans dogme et méfiant à l'égard de toute transcendance, que toute société est au risque du religieux, les sociétés savantes mises à part (et encore, cela se discute). Et que le fanatisme n'est pas une anomalie, une monstruosité ou une malédiction, mais la forme pathologique d'un état normal de la sensibilité de groupe. « La maladie, disait Bergson, est aussi normale que la santé, laquelle, envisagée d'un certain point de vue, apparaît comme un effet constant pour prévenir la maladie et l'écarter. » On lisait naguère dans certains livres de référence que « les phénomènes pathologiques sont identiques aux phénomènes normaux aux variations quantitatives près » (principe de Broussais). On ne peut pas toujours mettre la main sur le cœur et déclarer intolérable des choses dont on ne se demande pas pourquoi elles existent.

Un mot aveuglant

Il nous faudrait au préalable lever le voile du vocabulaire (encore un travers de philosophe : mettre en doute la validité des mots les mieux reçus, qui ne font plus problème pour personne). Pour envisager que le fait religieux soit *dans* le fait politique, ou la croyance dans l'appartenance, comme la pluie dans le nuage ou le ver dans le fruit (chacun ses métaphores), ou, pour en venir à notre propre hypothèse, pour saisir qu'il y a de la communion au fond de toute communauté consistante et résistante, certains stéréotypes font obstacle. Oublions un instant celui de *religion*, ce trompe-l'œil ethnocentrique, ce latinisme génialement mais tardivement détourné à son profit par le mouvement chrétien pour des raisons stratégiques, au troisième siècle de notre ère. C'est un terme juridico-politique désignant l'institué ou l'officialité quand *supertitio*, terme jusqu'alors appliqué à la secte des chrétiens, désignait une croyance illicite, sans légitimité nationale ou étatique. On sait que *bouddhisme*, *confucianisme* et *taoïsme* sont des inventions européennes, et que *monothéisme* n'est pas un terme de théologien. On sait moins que *religion* ne figure ni dans l'Ancien Testament ni dans les Évangiles ni dans le Coran. Pas plus qu'en sanscrit, en persan, en grec ancien, en chinois, etc. (c'est nous qui traduisons ainsi Voie, Enseignement, Loi, dette, piété ou encore *dharma*, *dat*, *din*, *zônj-giao*, *threskeia* ou *desidemonia*). Un mot introuvable, donc. Et pour cause, puisqu'un système solidaire de mythes et de rites, exclusif de tous les autres et associé à une Révélation, un Dieu unique, une foi personnelle, un clergé, des dogmes, des Écritures sacrées, une orthodoxie – cela ne concerne, aujourd'hui, qu'un être humain sur quatre, et encore, sur les cinq dernières minutes de la matinée. Car avant disons -600 de notre ère chrétienne, cette architecture assez singulière dont le sommet est un Père Éternel, un Créateur incréé, une Personne avec un grand P s'adressant à des personnes à p minuscule, nous était strictement inconnue. Ce que nous appelons « religions » au sens large apparaît au mieux vers le troisième et le deuxième millénaire avant J.-C., mais la fonction symbolique, qui les précède et qui leur survivra est beaucoup plus ancienne. Elle n'est pas propre à la descendance d'Abraham, ni même à l'homme civilisé, mais tout simplement à l'homme neuronal. Le *sapiens sapiens* a, par rapport au primate anthropoïde, une particularité neurologique et névralgique. Son cerveau est ainsi câblé qu'il ne peut s'empêcher de relier le visible à de l'invisible, l'actuel à du virtuel, le réel effectif à des choses qui ne sont pas des choses. Si croire consiste à affirmer plus qu'on ne sait, plus que ce que l'on voit ou entend, le bipède sans plumes est en proie à la croyance depuis 300 000 ans (200 000 après la domestication du feu), datation approximative de la première sépulture connue (trente-deux individus inhumés au fond d'une grotte de la Sierra d'Atapuerca, en Espagne, flanqués de bifaces en quartz teintés d'ocre). Qu'une parcelle d'un mort survive à sa mort, que la fin de la vie physique d'un humain ne signifie pas la fin de toute sa vie, c'est la preuve qu'il y avait dès avant les sociétés agro-pastorales, et même avant les bisons de Lascaux et les rhinocéros de Cosquer (30 000 ans), un monde des esprits superposé au monde visible des corps, bref une verticale symbolique croisant l'horizontale de la tribu ou de la horde. Multiples sont les productions de sens, dont l'ensevelissement des morts et le culte des ancêtres sont la première marque attestée, mais elles ont toujours pour point commun le *raccordement d'un présent effectif à un terme absent.*

C'est pourquoi le terme de *communion* me paraît plus neutre et plus juste que celui de *religion*. Qu'on en cherche la racine dans *unio* ou dans *munus* (*l'union avec* ou *la tâche collective*), et si on le débarrasse de l'acception mystique ou liturgique que lui a donnée le christianisme, il peut s'appliquer à toutes les formes d'allégeance, qu'elles mettent en jeu des dieux, un Dieu, ou aucun. Communion combine l'*être-avec* et le *regard vers*, vers une force tutélaire, être, principe ou entité, outrepassant le visible et le tangible du monde sensible. Soit les deux éléments à réunir, le groupe et la transcendance, pour que notre Bureau central des cultes puisse enregistrer comme *cultuelle* une association loi de 1901. Car notre droit civil, à bon escient, ne connaît que des *cultes* (le substantif *religion*, tout comme celui de *laïcité*, est introuvable dans la loi de 1905).

Je me permettrai dès lors de traduire « fait religieux » par fait de communion, et « fait politique » par fait de communauté, et par lire dans votre sujet de réflexion « *communion et communauté* ». Pourquoi ? Pour éviter de prendre l'ombre pour la proie. En clair, pour éviter de confondre *le* politique, à savoir la constitution et perpétuation de formes cohérentes de vie en commun, avec *la* politique, comme lutte pour le pouvoir dans tel ou tel agrégat constitué. *Le* politique, c'est l'art de transformer un *tas* d'individus quelconques en un *tout* identifiable, susceptible de survivre à ses membres. L'art de passer de l'attroupement au regroupement. De constituer une autorité collective, une personne morale, un sujet de droit (au-delà du groupe en fusion). Ou de substituer une puissance collective à des forces individuelles. *La* politique, c'est ce qu'il y a dans le journal de ce soir. Ne confondons pas le Gulf Stream avec le clapotis des vagues, le *e pluribus unum*, qui ramasse en trois mots l'alchimie sans âge du politique, avec la prochaine présidentielle. Une communion, pour faire simple, c'est une communauté, plus une conviction. Or il n'est pas de communauté, fût-elle citoyenne, franc-maçonne ou agnostique, sans, à sa base, une conviction indiscutable et indémontrable, de l'ordre de l'axiome ou du postulat : ce qu'on est tenu d'admettre pour évident pour que tout le reste coule de source. Cet indémontrable, certains l'appellent *Révélation*, et l'entourent de la cuirasse du mystère ou du dogme pour le soustraire aux coups de la critique : mystère de l'Incarnation, de l'Élection, de la Descente du Coran incréé. Ce sont les religions du Livre. D'autres prennent une date parmi d'autres de leur histoire et en font une date pivot, objet d'un culte extraordinaire : prise de la Bastille, Thanksgiving Day, prise du palais d'Hiver… On trouve régulièrement un dénivelé qui fait le départ et donne à quelques centaines, milliers ou millions d'individus divisés par toutes sortes de conflits d'intérêts le sentiment d'appartenir à un même ensemble - famille, mouvance, patrie, fédération, internationale, etc. Ce référentiel implicite est dormant ou souterrain, mais il affleure au grand jour en période de crise, guerre ou séisme, dès que ce même ensemble se trouve brutalement mis sous tension, et menacé de mort. C'est pourquoi les temps de paix tendent à escamoter de nos champs de conscience cette espèce d'inconscient collectif.

Si tout cela n'était qu'une affaire de *religion*, au sens catho-romain du mot, il y a longtemps que la promesse des Lumières aurait été exaucée, puisque la science a fait des pas de géant et que nos anciens lieux de culte se reconvertissent, du moins dans nos contrées, en lieux de culture. En démasquant le noir complot des Jésuites, et les histoires à dormir debout qui ont tissé l'Ancien et le Nouveau Testament, le siècle des Lumières avait espéré que la Raison, escortée par l'Encyclopédie et l'école pour tous, ferait sereinement reculer les superstitions ; après quoi, pensait-on, l'humanité serait guérie de ses maladies de croyance cléricalement transmissibles : pronostic non confirmé. Ce n'est pas parce que le Dieu d'Abraham a quelques difficultés en Europe et au Québec qu'on peut prendre une pièce détachée pour la machinerie, et le petit cap désenchanté de l'Asie pour un désenchantement du monde. La sécularisation liée à la transformation d'un dogme structurant en une simple opinion facultative ou une option spirituelle parmi d'autres, nous sert de mol oreiller, fort bien. Mais le fait est qu'aujourd'hui, sur cette planète en plein réenchantement, il y a plus de pays en voie de « désécularisation » que l'inverse, y compris parmi les démocraties réelles ou potentielles – Inde, Irak, États-Unis, Mexique, Russie, Nigeria. Aux USA, le taux de pratique religieuse n'a cessé de monter depuis deux siècles. Et au sud du Sahara les prophètes partout subjuguent les présidents. Dans l'histoire longue du symbolique, et à l'échelle de l'espèce, notre Dieu unique et personnel est un avatar du sublime parmi d'autres et nullement une clef de voûte immuable. La mort de Dieu ne concerne pas les pays où il n'est pas né : ni la Chine ni l'Inde, soit les deux plus grosses masses d'hommes de la planète.

La *religion*, au sens clergé et « religion du Livre », est sans doute un alibi commode puisqu'il nous permet d'imputer à une Église, à une confession délimitée ou à un appareil de salut (plus ou moins florissants ou délabrés), tout ce qui répugne à une modernité orgueilleuse, férue d'autoréférence et d'autosuffisance : disons pêle-mêle le poids de l'héritage, le corset impersonnel de l'institution, l'hétéronomie, la tradition, la dette, le sacré, l'interdit. La religion, en ce sens, c'est l'aliénation de mon voisin (comme « l'idéologie est l'idée de mon adversaire »). Nous imputons à une sorte d'excroissance ou de survivance cette part nocturne ou maudite de l'être-ensemble, dont se sont détournés, et ils avaient des excuses, nos héros des Lumières qui assimilaient la croyance à une opinion individuelle (« Nul ne sera inquiété pour ses opinions, même religieuses »). Mettons Rousseau de côté à qui l'on doit l'expression si juste et embarrassante de *religion civile*. Ce trou noir, Tocqueville l'a découvert en Amérique, mais Marx, hélas, ne l'a pas vu à l'œuvre dans le Mouvement ouvrier naissant sous ses yeux. Notre principe de plaisir peut alors pratiquer le déni de réalité en faisant jouer à la religion le rôle du vilain dans le western. Le méchant ou le rétrograde dont l'élimination par le progrès scientifique et technique permettrait l'avènement de communautés humaines qui ne seraient pas des communautés de destin mais des contrats entre libertés individuelles, vivant leur présent au présent, structurées par leurs seules pratiques, libres de choisir leur avenir sans avoir à se référer à un principe ou une obligation qui ne dépend pas de leur bon vouloir. Ainsi de *l'illusion antireligieuse* des États communistes, qui se sont crus incroyants parce qu'ils étaient athées, quand c'étaient de pures hiérocraties. Ainsi de la Bonne Nouvelle démocratique de la religion civile des Droits de l'homme, à savoir que la religion appartient à une période passée et dépassée. Tout au plus, nous dit-on, peut-elle encore squatter quelques consciences intimes pour des émois personnels et privatifs. L'idée flatteuse et rassurante qu'il suffit de refuser de s'incliner devant les idoles ou un quelconque ordre surnaturel pour en finir avec la sacralité du point de fuite comme point de cohésion n'a pas résisté à l'épreuve de l'histoire, sur la durée. Ce ne sont tout de même pas les méchants monothéistes qui ont inventé les cultes séculiers de Staline, de Mao ou de Kim Il-Sung, de la race, de la classe, ni même de la Patrie et du Progrès, sous une Troisième République « libre-penseuse ». Ce ne sont pas les religieux qui ont inventé la sacralité mémorielle d'Auschwitz dans l'Union européenne agnostique, ni la sacralité rituelle du Gange dans l'Union indienne polythéiste.

L'incomplétude

Quelle serait, de ce point de vue, la saumâtre réalité que le conte de fées libertaire, chez nous au poste de commande depuis une cinquantaine d'années, s'efforce de refouler ? C'est le fait qu'un cadre commun de confiance et de référence suppose un englobant, soustrait à la critique, voire à la conscience des englobés. Quand on se dit « frère de » Un tel, c'est qu'on se reconnaît tacitement « frère en » – quelque idéal, chimère ou figure édifiante, qui nous précède, nous excède et nous succédera. Frères en Christ, en République, en Droit. Pour se relier à l'horizontale - « être membre de » -, mieux vaut s'ordonner à une verticale - « adhérer à ». Il y a quelque chose de pathétique à vouloir « reconstituer du lien social », comme on dit, en ignorant les contraintes du symbolique. Car le mot a deux sens étymologiques, et ce n'est pas par hasard : ce qui *réunit* (? le diabolique), et ce qui *renvoie* à autre chose que lui-même. Ces deux sens sont organiquement complémentaires.

Il n'y a pas que les nations du XXe siècle qu'on puisse décrire comme des communautés imaginaires. Quel groupe humain, pour perdurer, n'a-t-il pas eu à substituer un objet de croyance à un objet d'expérience ? La croyance, par exemple, non en la messianité, mais en la divinité de Jésus (qui n'est pas chez Paul) apparaît vers l'an 80, avec la première cristallisation en communauté organisée des groupuscules chrétiens. Pas de transcendance, pas de communauté : le symbolique ou l'imaginaire n'est pas le supplément d'âme, c'est la condition amont de toute prise de corps. Il suffit de mettre en regard une coupure de cinq ou de dix euros, qui est un billet de Monopoly, sans devise, personnage, emblème, lieu ou date, avec une coupure de un ou de dix dollars, qui est un condensé de mytho-histoire, pour comprendre pourquoi l'Union européenne fait au mieux un état civil alors que les USA sont au moins un état d'esprit. Ce butoir en exergue, ce point spectral plus ou moins mythifié, baptême de Clovis ou prise de la Bastille, cette péripétie choisie entre cent autres et transfigurée en Origine, qui donnera lieu à des commémorations réglées, et qui n'a rien nécessairement de divin ou de révélé, n'est pas du même niveau que la limaille individuelle que son invention doit pouvoir polariser. Il lui est hétérogène, passé ou futur, ancêtre ou utopie. *Ce qui est commun à toutes les parties d'un ensemble homogène ne fait pas partie de cet ensemble.* On ne partage que ce qui nous dépasse. Ce qui fait société n'est jamais seulement sociologique. Cela se déduit de l'incomplétude, qui n'est certes pas un théorème ou un résultat, mais une hypothèse pour le moins documentée, à savoir *qu'aucun ensemble ne peut se clore à l'aide des seuls éléments de cet ensemble.* Dès qu'une société se donne des contours ou se fixe une frontière, entre en jeu un point sublime ou mythique, abstrait ou immatériel, légendaire ou surnaturel. On comprend pourquoi la question des frontières de l'Union européenne s'avère si embarrassante : on ne peut « fermer » l'Europe sur une mappemonde, en lui assignant un périmètre géographique, sans lui donner, par convention, une ascendance généalogique, ou symbolique et, par là même, une transcendance. Où l'on voit qu'*union sacrée* est un pléonasme. *Sacré* vient du latin *sancire* : mettre à part, séparer, hors circuit. La désacralisation de Lénine engagée par Gorbatchev impliquait à terme la désunion soviétique, comme celle des Pères Fondateurs aux USA (ou la suppression du Memorial Day) annoncerait sans tarder la désunion américaine. La transformation d'un pluriel en première personne ne se fait pas par une simple addition d'individus, de régions ou d'États. Pour que *je* + *tu* = un *nous* - le nous de *we*, *the people* ou du *Allons enfants de la patrie* -, il faut une référence en abscisse. Sans *supra*, pas d'*inter.* Pour faire image, les clefs de la maison ne sont jamais dans la maison. Il y a régulièrement un Moïse en amont, un Décalogue, une Déclaration des Droits elle-même représentée sur les Tables de la Loi, un ancêtre agissant, un œil dans un triangle sur le dollar, un père fondateur, principe suprême, événement inaugural, ou quelque « hauteur béante », que ce fantôme se nomme Athéna à Athènes, Énée ou Romulus à Rome, Clovis dans la France de l'Ancien Régime, *God bless America* à Washington, Liberté-Égalité-Fraternité dans une République inégalitaire et fort peu fraternelle. Pour revenir à l'Europe actuelle, on ne passe pas de plain-pied et dans la foulée, sans changer de terrain, d'un grand marché économique, qui est une balance d'intérêts particuliers, à une appartenance politique vécue ou à une communauté de projets. Cela ne se fait pas sans se hausser d'un cran, vers quelque chose d'indémontrable, ou de légendaire, disons un parti pris d'ordre métaphysique (au sens le plus littéral du mot).

Puisque, chez le primate symboliste, la force pure ou le seul intérêt matériel immédiat ne suffit pas à forger et cimenter un rassemblement, et qu'aucune domination de fait ne saurait se passer d'un principe de légitimité trans-politique, quand l'autorité civile échoue à entretenir la dépendance symbolique, ou ne peut plus défendre l'identité et la souveraineté culturelle d'une nation, ce sont les autorités religieuses qui prennent la relève et tiennent la dragée haute aux autorités civiles et politiques. Même si, comme en Égypte et dans l'Islam modéré, s'instaure une division du travail, allouant le contrôle de la société aux religieux et le contrôle de l'État aux politiques professionnels, confinés aux superstructures. Avec souvent d'étranges résultats : 93 % de femmes excisées en Égypte, fidèle alliée d'une Amérique très féministe.

Il est assez frappant de constater que plus la clef de voûte d'une communauté est insondable et irreprésentable (au point d'interdire toute image ou statue), mieux elle résiste à l'usure et aux poussées centrifuges (la soudure par Yahvé ou Allah tient mieux que le recours à tel ou tel héros fondateur) – comme si c'était le plus transcendant qui était le plus agglutinant. En témoigne l'incomparable longévité des Révélations monothéistes, au regard des régimes, des États et des empires au temps court. Ainsi que la résistance du code génétique confessionnel, là où le retranchement d'un credo fait corps avec l'identité nationale. Pensons à la Pologne, l'Irlande, la Grèce, l'Arménie, mais aussi à la Turquie laïque et kémaliste, où 80 % de la population se dit musulmane et croyante. Point besoin de revenir sur la communion américaine qui boucle son *melting-pot* sur un déisme confédéral, socle d'une impériale religion civile, biblico-patriotique. Plus insolite est le cas chinois, où le nombre de protestants (50 millions) semés par les missions anglo-saxonnes a dernièrement réveillé le taoïsme, religion nationale remise en selle par le Parti communiste lui-même. Jiang Zemin, il y a quelques années, est allé se recueillir devant la statue du Vieux Seigneur et Deng Xiaoping ne se faisait pas faute de citer ses meilleures formules. Un sinologue émérite, John Lagerwey, est d'avis qu'il faut connaître par le menu l'histoire religieuse de la Chine archaïque pour comprendre ce qui s'y passe aujourd'hui. Il va jusqu'à récuser l'idée de deux pôles distincts. Religion et politique ne font qu'un, nous a-t-il expliqué au colloque sur *Religion* et *Politique en Asie*, récemment organisé par notre Institut européen en Sciences religieuses et le ministère des Affaires étrangères. « Le pouvoir politique en Chine est un pouvoir religieux issu de la société qui, une fois établi, fonde sa légitimité sur l'exclusion de tout autre pouvoir de même type et de même origine. Il n'y a donc en Chine que des mouvements religieux qui prennent le pouvoir et ceux qui échouent à le prendre : pas étonnant, dès lors, que l'État se méfie de la religion et cherche à contrôler et à canaliser tout mouvement religieux qui n'est pas identique au sien. » Pour parler un langage occidental, l'État chinois est une Église. Il l'a été, dès l'origine, et le demeure. Même s'il a toujours plusieurs fers au feu pour le Mandat céleste, selon les dynasties ; bouddhisme, confucianisme et taoïsme.

« Saint laïque » ou Sainte laïcité ?

« Dieu est mort, mais l'homme n'est pas pour autant devenu athée. Ce silence du transcendant, joint à la permanence du besoin religieux chez l'homme moderne, voilà la grande affaire, aujourd'hui comme hier. » Qui a écrit ces mots ? Sartre, en 1947. « Je ne conçois pas une société sans religion, c'est-à-dire sans des croyances communes qui relient toutes les âmes en les rattachant à l'infini d'où elles procèdent et où elles vont ». Qui a écrit cela ? Jean Jaurès. On peut donc être officiellement athée, on peut lutter de son mieux contre la confusion mortifère du politique et du religieux, et en savoir néanmoins assez sur les détresses humaines pour ne pas se croire sans religion parce qu'on ne va plus à la messe. Une humanité délestée de ses communions, au pluriel, c'est-à-dire sans croyances ni appartenances, ressemblerait assez vite aux deux espèces de primates les plus proches de nous, avec lesquelles on partage 98 % de nos chromosomes, les bonobos et les chimpanzés. Nos très estimables cousins vivent aussi en société, mais ils n'ont pas à pâtir des risques inhérents au politico-religieux. Bien sûr, il y a beaucoup de façons de faire *la part du feu sacré*. Mais ce n'est pas parce que l'État s'est heureusement dégagé au siècle dernier, en France et dans quelques autres pays, de l'étreinte asphyxiante d'une institution rétrograde, que nos sociétés ainsi émancipées peuvent se mettre à batifoler dans une pure immanence calculatrice ou technocratique. Sauf à prendre un entracte pour la pièce, ou un passage à vide pour un *happy end.* Ce n'est pas parce que les Églises se vident (à peu près au même rythme que les musées se remplissent) dans une dizaine de pays occidentaux sur cent soixante-dix dans le monde – et les États-Unis, on ne le sait que trop, ne font pas partie du lot – qu'on peut regarder de haut le passé mythologique de l'humanité, comme un cauchemar dont on serait à jamais libéré. Une *trame anthropologique* (l'incomplétude) ne disparaît pas avec un *motif de circonstance* (tel ou tel dieu, dogme ou culte). On se tromperait, me semble-t-il, en confondant *une offre confessionnelle particulière avec la demande tous azimuts d'un minimum de sacralité.* Ce que masque, au fond, l'aveuglante formule wébérienne, « le désenchantement du monde », c'est le fait que tout désenchantement d'un domaine d'investissement imaginaire, comme aujourd'hui la politique et ses utopies, suscite le réenchantement d'un autre, en l'occurrence, chez nous, le patrimoine, les mémoires et les identités, ethniques ou religieuses. Voire, dans les classes supérieures, l'art et ses créateurs. La *puissance d'irréalisation du réel* que porte en elle la fonction symbolique fait incoerciblement du monde limité qui nous est échu un plein qui sonne creux. Comme l'annonce ou le reste d'une perfection perdue ou à venir. On peut douter que cette déception devant le réel effectif disparaisse avec la « vieille chanson qui a longtemps bercé la misère humaine » - pour rester avec Jaurès. Chaque moment politique s'invente ses berceuses et notre répertoire de consolations lyriques a une merveilleuse fécondité.

L'historien objectera que les invariants, invérifiables et irréfutables, de faible valeur heuristique, sont d'un intérêt limité, et que seuls comptent en pratique les différentiels et la diversité. Et qu'on ne saurait confondre le Dieu très interventionniste des Américains avec l'Être suprême plutôt abstentionniste de nos républicains, pour ne rien dire du Allah franchement paranoïaque de certains islamistes. Cet historien aura bien sûr raison. L'apôtre du sens civique dénoncera de son côté les barbaries nationalistes, ethnicistes et racistes issues de l'esprit de corps (nous, les Allemands, nous, les Hutus, nous les communistes, etc.) et le danger qu'il y a à caractériser un peuple, une nation, un parti, une église comme un tout homogène, un corps pur et à purifier. Et il aura raison, lui aussi. La force organisatrice de l'imaginaire a ses maladies et ses crises, et elle a fait patauger le XXe siècle dans le sang (encore plus que ses prédécesseurs). Les *fièvres de l'incomplétude* sont d'autant plus dangereuses que nous connaissons bien aujourd'hui « l'effet jogging » du progrès technique, qui pousse les désorientés de la modernité à maximiser l'unitif pour préempter le dispersif ; et notre vie démocratique consiste à négocier au moindre coût les effets totalisants et potentiellement totalitaires de la contrainte symbolique. La gestion républicaine du besoin de sens, via la laïcité, devrait pouvoir autoriser un transcendant sans dogme, une adhésion sans culte, une foi sans orthodoxie. Mais ne nous leurrons pas : une laïcité purement juridique qui ferait fi de toute sacralité métajuridique ne durerait pas longtemps. Car il faut vouloir les conséquences de ce qu'on veut : si on veut un État faible, minimal et réduit aux acquêts régaliens de la sécurité civile, alors il faut aussi vouloir des clergés forts, avec des normes confessionnelles sévères et des communautés barricadées (doublées de puissantes mafias économiques). Tant il est vrai qu'il y a un jeu de bascule entre le spirituel et le temporel, entre les producteurs de sens et les détenteurs de la force. Pour schématiser : à État fort, clergé faible. À clergé fort, État faible. Si on ne veut pas voir remonter le plateau « emprise religieuse », ne doit-on pas accepter que la puissance publique fasse respecter un certain nombre d'astreintes et de règles, ne serait-ce que vestimentaires, dans certains espaces consacrés (c'est-à-dire mis à part de l'espace marchand, telles les mairies, les écoles et les bibliothèques) ? En ce sens, la loi Gayssot, qui est en elle-même illégitime et absurde, puisqu'elle instaure une vérité d'État, a peut-être répondu à la nécessité de sauvegarder une ultime zone de sacralité, un panneau frontière en quelque sorte « jusqu'ici, pas au-delà ». Il n'est pas étonnant que le refus de toute sacralité aille de pair avec l'escamotage des frontières symboliques entre les sites, les âges, les sexes, entre espace public et espace privé, entre l'institution et la simple association. Mais rassurons-nous. Quand une société se déconfessionnalise, elle troque un interdit contre un autre. Brocarder le pape, se moquer du curé, barioler un crucifix, mettre des seins et du rouge à lèvres au Christ n'est pas seulement autorisé mais pour ainsi dire attendu. Rien là de sacrilège, et le blasphème contre Dieu a disparu du Code civil. Mais qui parlera de la Shoah, crime sans pareil, comme d'un génocide entre dix autres, qui évoquera l'inégalité des races ou l'infériorité de la femme, voire l'homosexualité comme péché, celui-là tombera sous le coup de nos lois ; et quand bien même les tribunaux s'abstiendraient, ces propos scandaleux frapperaient l'impie d'une mort morale et sociale. Notre texte sacré n'étant plus la Révélation divine mais la Déclaration des Droits de l'homme. La soutane n'est pas plus indispensable à une communion civile que l'uniforme militaire à un dépôt de gerbe.

Je n'ignore pas qu'à l'ère du tout à l'ego, quand les deux piliers du Temple sont la communication et la marchandise, le seul mot de « sacralité » a quelque chose d'obscène. Voire de sacrilège. C'est probablement un impensé de nos démocraties, et peut-être le mieux défendu de tous. Je dis *sacralité* et non *sacré* parce que le sacré n'est pas une chose en soi, l'intouchable ne cesse d'être retouché. C'est le résultat circonstancié d'une sacralisation temporelle et chaque époque se forge les sacralités dont elle a besoin. On a le choix de notre sacré, mais il n'est pas possible d'en admettre aucun, sauf à se dissoudre en tant que groupe lié, d'une génération à l'autre.

Dans une vidéosphère où tout s'achète et se vend, il n'est pas plaisant de rappeler qu'il existe une catégorie de choses qui ne se monnayent pas, qu'on dit *inaliénables*, et qui appartiennent tantôt au patrimoine tantôt au paysage. À chaque communauté ses dates et ses lieux constitutifs : les communistes avaient le mur des Fédérés, les Soviétiques, la place Rouge, les cathos, Saint-Pierre de Rome, les protestants, le Refuge cénévole, les Américains, le cimetière d'Arlington ou le Independance Hall of Philadelphia. Le sacralisé est soustrait à l'échange, comme au principe d'équivalence généralisé. On ne peut l'escompter, ni le refiler en cadeau, ni le débiter en morceaux, ni le troquer contre autre chose. Juifs et Arabes ne feront pas la paix en échangeant une demi tonne de la Pierre noire, à la Mecque, contre une demi tonne du mur des Lamentations, à Jérusalem. Aucun promoteur immobilier ne construira une tour dans l'enceinte d'Auschwitz. L'original de la Constitution américaine ne sera pas mis aux enchères chez Sotheby's et enlevé par une banque japonaise, comme un tableau de Van Gogh, du moins tant que resteront unis les États-Unis d'Amérique. C'est saugrenu, le sacré, et assez indigeste. C'est même une entorse assez répréhensible au festif universel et au bien-être individuel. Quand le paradis du consommateur ressemble à un supermarché, quelque chose d'incongru, voire d'insoutenable, s'attache à la persistance ou la résurgence des sacralités collectives. Dans un monde qui voulait se croire intégralement calculable et computable, rationnel, positif et sans autre inquiétude que technique, là s'est peut-être aujourd'hui réfugié la négativité humaine, qui fait de l'histoire un travail toujours en cours, et non le déroulé inexorable et positif d'une histoire naturelle. Qui l'eût dit, qui l'eût cru, il y a cent ans d'ici : que nous puissions échapper à « la fin de l'Histoire » par cela même qui semble échapper à la prise, et qui est la signature même de notre humanité : l'intuition qu'il y a quelque part, parmi nous, du non-manipulable, quelque chose comme un patrimoine de principes et d'interdits qu'il nous revient de recueillir et de transmettre à nos descendants, impérativement, à temps et contretemps. Quitte à le transformer au passage, ce patrimoine, parce que toute transmission est une transformation. Quoi qu'il en soit, ce sentiment d'être redevable de quelque chose qui ne nous appartient pas en propre et dont nul ne peut disposer pour son propre compte, il me semble que celui qui croyait au Ciel comme celui qui n'y croyait pas devraient pouvoir l'assumer sans honte ni remords. Surtout, et peut-être plus que partout ailleurs, dans une démocratie laïque, fût-elle aussi insolite, fragile et précieuse que la République française.

Je vous remercie.

À Blois, le 14 octobre 2006

Communisme, fascisme, nazisme : des religions politiques ?

Débat animé par Laurent WIRTH

LAURENT WIRTH : Cette question fait débat parmi les historiens, les politologues, les philosophes et les sociologues depuis le milieu des années soixante.

Il convient avant toute chose de bien s'entendre sur les termes. Robert Bellah a développé, en 1967, l'idée d'une « religion civile » qu'il appliquait aux Etats-Unis et que Rousseau avait déjà mise en avant. Le concept de « religion séculière », promettant le salut en ce monde, a été popularisé par Raymond Aron dans un article de 1944.

L'expression de « religion politique » a été utilisée par les fascistes dès les années 1920. Lors de la décennie suivante, Karl Polanyi l'a appliquée au nazisme et, en 1938, un ouvrage de Eric Voegelin s'intitulait *les religions politiques*. Cette problématique, qui a des antécédents, a été renouvelée par Emilio Gentile, dans un livre, publié en 2001, intitulé *Les religions de la politique*. Gentile fait clairement la distinction entre ces différents concepts et démontre que celui de religion politique est le plus pertinent pour caractériser les totalitarismes qui ont marqué le siècle dernier : le communisme, le fascisme et le nazisme.

Notre démarche comparatiste implique la confrontation des points de vue d'historiens spécialistes de chacun de ces totalitarismes.

Je vous présente maintenant les quatre historiens qui vont débattre devant vous :

Est-il nécessaire de dire que Pierre Milza est notre grand spécialiste de l'Italie et du fascisme ? Il a commencé sa carrière comme instituteur, puis fut professeur de cours complémentaire, de collège et de lycée, avant de devenir professeur à l'Institut d'études politiques de Paris. Il a dirigé le CHEVS - Centre d'Histoire de l'Europe du Vingtième siècle -

qui s'appelle maintenant Centre d'histoire de Sciences-Po. Vous connaissez ses ouvrages de référence sur le fascisme italien et ses biographies de Verdi et de Mussolini. Tous les professeurs d'histoire connaissent les fameux manuels scolaires, dont il est coauteur avec Serge Berstein.

Étienne François a été professeur à l'université de Nancy 2, puis à Paris 1, dont il est professeur émérite. Il est actuellement professeur au Frankreich Zentrum de la Technische Universität de Berlin. Il a écrit de très nombreux ouvrages sur l'Allemagne et sur ce qu'on peut appeler les histoires entremêlées de la France et de l'Allemagne. Il est très impliqué dans la conduite du projet de manuel franco-allemand qui va prochainement voir le jour.

Marc Lazar est professeur à l'Institut d'études politiques de Paris dont il dirige l'Ecole doctorale : c'est un spécialiste reconnu de la gauche ouest-européenne plus particulièrement en France et en Italie. Il a notamment écrit *Maisons rouges. Les partis communistes français et italiens de la libération à nos jours* et en collaboration avec Stéphane Courtois, une *Histoire du parti communiste français.* Il vient de rééditer en poche chez Tempus, *Le communisme. Une passion française.*

Nicolas Werth, directeur de recherches à l'Institut d'histoire du temps présent, est un grand spécialiste de l'Union soviétique. Il a travaillé particulièrement sur le rapport État/Société, la violence de masse et le Goulag. Il a co-dirigé avec un historien russe la publication d'une histoire du Goulag en six volumes, qui va être traduite en anglais mais, malheureusement, pas en français. Son *Histoire de l'Union soviétique* est une référence incontournable pour les étudiants et les professeurs. Sa contribution au *Livre noir du communisme* - le chapitre consacré à l'URSS, « Un État contre son peuple » - a été particulièrement remarquée. Il s'apprête à publier *L'Île aux cannibales* qui raconte un épisode tragique de l'histoire du Goulag.

Dans *Les religions de la politique*, Émilio Gentile, après l'avoir distingué de la religion civile et de la religion séculière, définit ainsi la religion politique : « *elle sacralise un système politique fondé sur le monopole irrévocable du pouvoir, sur le monisme idéologique, sur la subordination obligatoire et inconditionnelle de l'individu à la collectivité et à ses lois : elle est de fait intolérante, autoritaire, intégriste et cherche à imprégner le moindre aspect de la vie individuelle et collective.* »

Pierre Milza, est-ce que cette définition vous semble applicable au fascisme italien ?

Pierre Milza : Elle me semble d'autant plus applicable au fascisme italien que celui qui l'a formulée, Emilio Gentile, est le spécialiste mondialement reconnu du régime mussolinien, et l'un des meilleurs connaisseurs du fascisme au sens générique du terme. Son travail prolonge, sans être toujours en accord avec le maître, ceux de l'immense historien et politologue que fut Renzo De Felice.

Ceci étant, le modèle d'interprétation du fascisme que propose Gentile n'est pas un pur produit de l'esprit, comme le sont souvent les grandes explications globalisantes du fascisme. Il découle fondamentalement du regard porté par l'historien romain sur l'Italie de Mussolini, sur la société italienne à l'époque fasciste, sur les modes de formatage de la population, autrement dit sur un régime qui peut - Gentile va beaucoup plus loin sur ce point que De Felice - être défini comme « totalitaire ». Or vous savez que la notion de totalitarisme non seulement est refusée par certains au modèle italien mais qu'elle l'est souvent de manière générique. On a pas le droit de mettre, si je puis dire, « dans le même panier », le fascisme, le nazisme et le communisme. Restons en Italie. À partir du moment où l'on admet que le fascisme n'a pas été seulement (pour reprendre la formule adoptée au début des années trente par la IIIe Internationale) « l'avènement du pouvoir de classe du grand capital dans sa phase monopolistique », mais qu'il a été aussi autre chose, qu'il a conservé une certaine autonomie par rapport à ceux qui ont facilité sa venue au pouvoir, qu'il n'a pas seulement été fabriqué, inventé, imposé par la classe dirigeante, on peut admettre qu'il a disposé, au moins pendant la première moitié des années trente d'une adhésion qui ne relève pas seulement de son caractère policier. C'est ici qu'intervient la « religion fasciste.

Cette religion fasciste ne répond pas seulement, comme le montre abondamment Gentile, à une préoccupation de manipulation des esprits. Elle traduit une foi profonde de la part de ceux qui l'ont inventée et instrumentalisée. Elle n'est pas seulement un outil de propagande simpliste. Elle comporte un dogme, une théologie dont le point nodal est la sacralisation de l'État, le formatage des Italiens sur un modèle qui est celui de la suprématie absolue de l'État. Théologie, dogme mais aussi mythologie. Le fascisme est créateur de mythes : celui du chef, bientôt assimilé à un surhomme, voire à un dieu ; celui de la guerre rédemptrice de la Nation par le sang versé et par les sacrifices consentis par les combattants. Voilà des représentations qui relèvent assurément du religieux.

Cette religion a aussi ses « officiants » ce sont les hiérarques fascistes, ceux qu'on appelle les *ras* terme emprunté au vocabulaire colonial comme nous parlons en France des « caïds », les Italiens ont les *ras* - c'est-à-dire les chefs de bande qui ont pris le pouvoir. N'oublions pas que la marche sur Rome est quasiment un épiphénomène. Le pouvoir a été conquis dans chaque ville italienne par des bandes fascistes et ces gens-là deviendront plus tard les dirigeants locaux du parti. Ils seront à partir de 1922, les grands ordonnateurs de la liturgie fasciste. Il y a aussi le grand prêtre : le chef de l'église fasciste. Plus on avance dans le temps, plus le régime s'affirme comme totalitaire, plus celui-ci tend à être considéré par les plus fanatiques comme l'égal d'un dieu.

À côté de cette religion du pouvoir, il existe aussi une religion populaire : le « mussolinisme. On peut en effet, dans l'Italie de l'entre-deux-guerres, manifester une certaine hostilité à l'égard des dirigeants locaux du fascisme, réprouver certaines de ses décisions et de ses pratiques, tout en admirant son chef et en faisant éventuellement appel à lui pour réparer les erreurs, les injustices et souvent les malversations des « petits chefs ».

Nombre de rituels se veulent à la fois instruments de propagande et moyens utilisés par le pouvoir pour familiariser la population avec la religion nouvelle en jouant sur son caractère festif. Il ne s'agit pas seulement de défiler avec drapeaux, fanfares et discours - Mussolini a conscience qu'il ne faut pas trop en faire et que trop de politique tue le politique - il faut que la liturgie du régime ait un caractère festif. Mussolini écrit à propos des grandes messes fascistes : « la musique et les femmes sont le levain de la foule et la rendent plus légère ». Il y a donc toute une série d'éléments qui nous permettent de penser que nous sommes en présence d'un phénomène religieux avec en son centre une croyance qui transcende l'individu. Le fascisme ne parle-t-il pas continûment de la vie et de la mort ? Le croyant fasciste accepte la « belle mort. Il la glorifie. Pourquoi ? Parce qu'il aspire à créer une société dans laquelle l'individu ne compte pas. Le fasciste peut bien mourir s'il se perpétue dans la nation. Il y a là une sorte de vision collectiviste de la société fasciste, que l'on retrouve chez les kamikazes et dans certaines formes de terrorisme. On meurt mais on meurt pour la cause et de toute façon on se perpétue à travers la collectivité nationale.

LAURENT WIRTH : Etienne François, est-ce que vous reprendriez cette définition de la religion politique pour le nazisme ?

ÉTIENNE FRANÇOIS : Je peux reprendre à mon compte tout ce qui a été évoqué dans la définition de Gentile : en terme de monopole de pouvoir, c'est le monopole du pouvoir nazi pris en particulier par Hitler avec la position centrale du Führer qui est au moins aussi forte que celle du Duce ; il y a également monisme idéologique dans la mesure où la doctrine nazie - si tant est qu'il y en a une tant elle a changé - est considérée, affirmée et imposée comme doctrine officielle en Allemagne ; la subordination se retrouve dans l'embrigadement de la jeunesse, cette obligation rentrer dans la Hiltlerjugend quand on est petit puis le Deutscher Arbeitsdienst, le service du travail, l'enrégimentement des hommes et aussi largement des femmes pour être mis soit au service de la fécondité raciale et nationale, soit alors au service des industries d'armement lorsqu'on est entré dans la guerre. Mais il y a encore ce contrôle des moindres aspects de la vie individuelle et collective qui se trouve dans cette définition. Je ne prendrai qu'un seul exemple : Lorsqu'on se marie en Allemagne, à partir de 1933, on reçoit obligatoirement un exemplaire de *Mein Kampf*, ce qui fait que ce livre fut de loin le plus gros succès de librairie de cette époque-là. On sait comment a travaillé la Gestapo et quels étaient les rapports de la Gestapo sur l'état de l'opinion publique avec les très nombreux informateurs qu'elle pouvait avoir, qu'on ne soudoyait pas d'ailleurs car il y avait un assentiment très fort. C'était un régime intolérant, totalitaire, intégriste, ce n'est pas la peine que j'entre dans les détails. Donc je peux reprendre entièrement cette définition mais je me permettrais simplement de dire que cette définition avec laquelle on ne peut pas ne pas être d'accord, me paraît en même temps une définition terriblement descriptive : une fois que l'on connaît cette définition, on a constaté quelque chose, mais on a rien expliqué. Or ce qui est intéressant c'est de savoir s'il s'agit d'abord véritablement d'une religion ou bien s'il s'agit d'un système politique sacralisé, reprenant un certain nombre d'éléments religieux ? Ensuite, si tant est qu'on puisse parler d'un système politique sacralisé reprenant un certain nombre d'éléments religieux, qu'est-ce que cela permet de comprendre au fonctionnement de ce système ? En quoi cela aide-t-il à mieux le comprendre que les autres hypothèses explicatives qu'on a données jusque-là ? De ce point de vue-là, j'avoue que je reste un peu sur ma faim.

LAURENT WIRTH : et vous, Nicolas Werth, que pensez-vous de cette définition ?

NICOLAS WERTH : Je suis tout à fait d'accord avec ce que vient de dire Étienne François d'autant plus que dans le cas de l'URSS se pose un autre problème qui n'existe ni pour le fascisme italien, ni pour le nazisme allemand. C'est celui de la durée, de l'évolution. Douze ans dans un cas, l'Allemagne nazie, soixante-quatorze ans dans le cas de l'URSS, je pense que le facteur évolutif est très important et c'est pour cela que les comparaisons posent tout de même problème. Est-ce qu'on compare nazisme et léninisme/stalinisme ? Ou l'ensemble du phénomène communiste y compris le brejnévisme ? C'est une question préalable sur laquelle il faut s'entendre lorsqu'on se lance dans une approche comparatiste.

Le concept de religion séculière ou de religion politique a été déjà très pensé dès les années trente en ce qui concerne l'URSS. Par exemple chez Boris Souvarine dans son *Staline. Aperçu historique du bolchevisme*, mais aussi chez un grand philosophe russe émigré, Nicolaï Berdiaïev qui, dans son livre fondamental paru dans les années trente, *Les sources et le sens du communisme russe*, écrivait : « Le communisme russe puise son essence religieuse dans deux éléments : dans le messianisme russe chrétien d'une part, dans le messianisme matérialisme marxiste d'autre part ». Berdiaïev posait déjà la question des racines profondes, populaires, et du caractère national de la dimension religieuse du politique en Russie, mais aussi la question de la convergence entre le messianisme russe chrétien issu du « peuple », « d'en-bas », et du messianisme matérialiste marxiste, « importé » par les penseurs bolcheviques et imposé « d'en-haut ».

Au plan de l'histoire politique le concept de religion politique défini par Emilio Gentile permet de coller à la réalité du système politique mis en place par Lénine, prolongé par Staline et ses héritiers sans jamais perdre de vue l'évolution du système et du régime tout au long des trois quarts de siècle de leur existence. Ce qui me paraît intéressant dans la définition d'Emilio Gentile lorsqu'il évoque le « monopole irrévocable du pouvoir », c'est évidemment - et ceci est spécifique au communisme soviétique - que la prétention au monopole du pouvoir est fondée sur une prétendue connaissance générale des lois du développement historique des sociétés. Il y a donc un aspect scientiste ici. Les autres partis sont rejetés « aux poubelles de l'Histoire ». On n'admet pas d'institutions concurrentes au nom d'une philosophie de l'Histoire.

L'aspect des rites est évidemment aussi très important avec une insistance forte, dans le cas soviétique, sur les rites de passage permettant l'entrée du communiste dans le monde des Élus du Parti. Il y a là quelque chose d'extrêmement élaboré : écrire son autobiographie (c'est-à-dire, au fond, se mettre nu face aux « camarades » du Parti) ; passer un examen de passage nécessitant la connaissance de « l'ABC du Communisme » ; participer aux rites récurrents de la purge, de l'autocritique, des aveux, des confessions publiques - tout ceci constitue une donnée fondamentale, et sans doute plus développée ici qu'ailleurs, de la religion politique communiste.

LAURENT WIRTH : Marc Lazar, peut-on reprendre cette définition de la religion politique pour les communistes français et italiens qui ne sont pas au pouvoir ?

MARC LAZAR : En effet, on vient de jeter un rapide coup de projecteur sur trois expériences historiques de régimes politiques pour lesquels la notion de religion politique s'impose presque comme une évidence. J'ai pour tâche d'examiner si cette même notion peut s'appliquer au communisme en France et en Italie. Par définition, les partis communistes français et italien n'ont pas été au pouvoir, ou plus exactement, quand ils l'ont été ce fut pour un temps court et dans le cadre d'une démocratie pluraliste. La définition d'Emilio Gentile est-elle opératoire dans le cas du communisme français et italien ? Elle convient en partie tout en apparaissant restrictive. Car elle ne nous permet pas de comprendre une question essentielle qui pourrait être formulée ainsi : existe-t-il dans des pays démocratiques des phénomènes politiques qui ont à voir avec le religieux ? Or les partis communistes français et italien furent des partis politiques très particuliers à cause de leurs liens avec l'URSS, de leurs structures, du poids de l'idéologie, de ce qu'ils exigeaient de leurs membres, de leur enracinement dans la société, et aussi, de leur dimension religieuse.

Qu'est-ce que cela signifie ? À mon avis justement, parler de religion politique ne saurait se limiter aux régimes totalitaires. Il y a du religieux en politique ailleurs et il y en a peut-être encore aujourd'hui (on pense immédiatement aujourd'hui aux islamistes qui suscitent de fortes polémiques). Cette présence du religieux dans le politique a une grande explication : l'entrée dans la modernité des sociétés européennes s'est accompagnée de ce que le philosophe Marcel Gauchet appelle la « magnification » du politique, soit une forme de sacralisation du politique, de la toute puissance du politique. Et cela a quelque chose à voir avec la religion. Qu'est-ce que cela a à voir ? C'est là où il faut faire très attention et se méfier quelque peu des évidences. Quand, nous, historiens, raisonnons sur les religions politiques nous avons deux travers : le premier, c'est le fonctionnalisme, le deuxième c'est l'analogie. Le fonctionnalisme consiste à dire : tel ou tel phénomène politique constitue une religion puisqu'il remplit une fonction précise, en l'occurrence, satisfaire un besoin de croyance. Il faut se rappeler la verve de Hannah Arendt dans *La crise de la culture* qui s'offusquait que l'on puisse qualifier le communisme de « nouvelle religion » : « C'est comme si j'avais le droit de baptiser marteau le talon de ma chaussure parce que, comme la plupart des femmes, je m'en sers pour planter des clous dans le mur ». Le raisonnement analogique consiste à expliquer que tel ou tel phénomène politique est une religion puisqu'il présente tous les caractères apparents de la religion et, en ce cas, nous prenons comme étalon une seule religion, le catholicisme. Par exemple, on explique que le communisme est organisé comme l'Église catholique avec son Saint-Siège (Moscou), son pape (Staline), ses grands prélats (Maurice Thorez, Palmiro Togliatti), son dogme, ses rites etc. L'analogie est certes évocatrice comme métaphore, mais elle ne nous dit rien des éventuels fondements religieux du communisme. Alors qu'est-ce que l'on entend par religion politique ? C'est d'abord un mode de croire. Tous les engagements politiques ne reposent pas sur le croire en tant que tel, mais plutôt sur des formes d'adhésions rationnelles et limitées. Pour prendre des exemples qui me viennent comme cela : je ne crois pas que l'on trouverait du religieux à l'UDF sauf, bien évidemment chez ses membres qui sont catholiques : mais l'engagement politique des adhérents de l'UDF n'aura sans doute pas grand chose à voir avec un mode de croire qui érige le politique en sacré. C'est là le deuxième point de la définition, ce qui suppose un détour par la sociologie. Lorsqu'il pense la religion, Emile Durkheim établit une distinction entre le sacré et le profane. Effectivement, dans le communisme en France et en Italie, il y a des choses auxquelles on ne touche pas, c'est le sacré, et il y a des choses profanes. Enfin, la religion politique suppose l'organisation d'une communauté qui est, à la fois, close sur elle-même et ouverte sur le monde extérieur. Nicolas Werth a raison de dire qu'il y a des processus d'entrée en politique qui ressemblent parfois aux processus d'entrée en religion. La nécessité de se dépouiller de son ancienne personnalité, de comprendre la langue de la communauté politique à laquelle on adhère, ses textes de référence, les modalités d'exercice de son autorité, ses rites, font partie du processus de « conversion ». L'analogie est ici fructueuse et nous aide à comprendre la part de religieux qui se loge dans le politique. Enfin, il y a religion politique lorsqu'un parti crée un dispositif de sens et de ré-enchantement du monde. Le politique devient alors une clé qui vous permet de donner un sens pas simplement à votre vote, mais à toute votre vie : celle-ci va être embrasée par la conviction politique. Là, il y a quelque chose de l'ordre du religieux parce que cela participe d'un processus de ré-enchantement du monde. Vous voyez ce sur quoi on débouche aujourd'hui et pourquoi il y a, de nouveau, un intérêt à la question des religions politiques. De nouveau ? Car, cela a été rappelé, les contemporains des régimes totalitaires réagissaient et essayaient de définir cette nouveauté. D'abord ils cherchaient un mot - ce sera celui de totalitarisme -, puis ils se demandèrent s'ils n'assistaient pas à l'apparition d'une forme de religion d'où les débats sur les notions de religions séculières et de religions politiques. Aujourd'hui, notre interrogation sur les religions politiques est différente. Elle tourne autour de deux sujets. D'une part, on cherche à comprendre les formes prises présentement par des mouvements religieux qui agissent dans la sphère politique. D'autre part, on se penche sur les formes religieuses empruntées dans un passé relativement récent par la politique, soit pour les déplorer (on pointe alors le fanatisme, l'endoctrinement, le dogmatisme etc.), soit pour en souligner de « bons » aspects, non sans nostalgie (on explique souvent, par exemple, que les communistes étaient désintéressés, avaient le sens du dévouement, du sacrifice, se comportaient comme des croyants, alors qu'aujourd'hui on ferait de la politique uniquement pour ses intérêts particuliers).

LAURENT WIRTH : Est-ce que cette dimension religieuse de la politique a une explication qui tient à des fins de propagande ? Est-ce que cela correspond à une vraie foi ? Est-ce qu'elle cherche à exprimer l'unité d'une collectivité qui se voue à elle-même une adoration ? Signifie-t-elle l'apparition de nouvelles formes de religiosité issues de la modernité qui seraient l'adoration de l'État, de la Patrie, de la Nation, de la Race ou de la Classe ?

Étienne François, qu'en pensez-vous ?

ÉTIENNE FRANÇOIS : Si je reprends le cas allemand que je connais le moins mal, on est frappé de voir à quel point dans le nazisme, à partir du moment où il est arrivé au pouvoir, il y a énormément de sacralité. Une fois chancelier, Hitler termine un de ses discours en disant « Amen ». Dans d'autres de ses discours, il dit qu'il est « l'instrument de la providence », que c'est « la providence qui lui a permis d'écraser la Pologne en 1939 ». Hitler se présente souvent en prophète, voire en agent de la Providence ; on le salue en disant « Heil Hitler », et « Heil » c'est le salut et s'il y a bien une notion qui est religieuse, c'est celle de Salut. C'est d'ailleurs la formule officielle pour se dire « Bonjour » en Allemagne.

D'autre part, le nazisme s'est présenté avant même son arrivée au pouvoir comme un mouvement de fond qui n'était pas seulement une solution apportée aux problèmes politiques, économiques et sociaux en

Allemagne, mais un mouvement de véritable rédemption de l'Allemagne qui allait en quelque sorte faire advenir un peuple nouveau. Mais ce peuple nouveau est en même temps un peuple élu - avec les conséquences qui en découlent sur la persécution sur l'autre peuple élu, le peuple juif. Un mouvement qui explique tout, qui transcende les différences entre les uns et les autres, les unifie dans une sorte d'immortalité qui se trouve déjà sur terre et qui n'a pas besoin d'un autre Paradis puisque le Paradis va être bientôt réalisé. Enfin, dans le nazisme il y a cette multiplicité d'oripeaux religieux que l'on trouve aussi bien dans l'organisation des congrès du parti avec les grandes cathédrales de lumières qu'avaient mises en scène Speer et Goebbels, ou bien encore cette liturgie qui a lieu chaque année, le 9 novembre, au jour anniversaire du putsch manqué de Munich en 1923 où tous les hiérarques du parti se rendent à la « Feldherrnhalle », s'inclinent devant la tombe des seize martyrs tombés sur les balles de la police bavaroise, où Hitler lui-même, en grand-prêtre du mouvement nazi, reprend le drapeau taché du sang des martyrs et y applique les drapeaux des nouvelles sections de la SA, la SS ou du parti. Il y a aussi toutes les choses qui tournent autour du culte du Führer que nous connaissons bien. Donc énormément de sacralité.

Mais ce n'est qu'un aspect des choses. Lorsque vous lisez les écrits de Hitler, à commencer par « Mein Kampf », on s'aperçoit qu'il se présente comme un personnage non-religieux, que ce qu'il défend est une vérité de type scientifique, la science nouvelle, la biologie essentiellement en s'appuyant sur Darwin ; Hitler et le nazisme sont au service des lois de la nature, pour les restaurer dans leur réalité. Dès 1924-1928, Hitler a rompu avec ceux qui à l'intérieur du parti avaient une interprétation beaucoup plus mystique et délibérément religieuse de ce que devait être le mouvement. Pour Hitler, c'était un mouvement politique et uniquement politique, le reste c'est de la propagande, des oripeaux dont vous pouvez vous servir si cela vous fait plaisir mais pas trop. Dans certaines de ses déclarations, Hitler se moque de Himmler, Darrée ou bien de Rosenberg et de leurs élucubrations mystiques. Le noyau dur aussi bien pour Hitler que pour le parti, est eugéniste et raciste ; il s'inspire très largement d'une biologie dévoyée et se réclame de la science au sens moderne du terme, sans aucune forme de transcendance dans l'au-delà. Si je cherchais l'originalité du nazisme en tant que religion politique, ce serait dans cette sorte d'oxymore disant qu'il est une transcendance/immanente et les dimensions immanentes me paraissent aussi importantes que les dimensions transcendantes, sinon plus.

Autre chose qu'il ne faut pas négliger : dans tous ces moyens sacralisés qu'a utilisés le parti, la plupart d'entre eux sont des moyens hérités qui viennent du nationalisme exacerbé de la première guerre mondiale ou d'avant, du culte de la patrie ; ce ne sont pas les nazis, ni les fascistes qui ont inventé « mourir pour la Patrie ». J'aurais donc une vision beaucoup plus réservée des choses. Si je cherche la véritable foi, j'irais la trouver non pas tant dans le parti qui instrumentalise tout cela et le fait d'une manière très cynique selon les circonstances et les publics auxquels il s'adresse, mais beaucoup plus chez un certain nombre d'adhérents. Les adhérents du parti pour qui le nazisme est une véritable religion. Pas pour tous mais un certain nombre d'entre eux, qui sacralisent la personne du Führer. Un ami allemand a analysé les lettres d'amour envoyées à Hitler par des femmes : il y en a des milliers. Ce sont véritablement des déclarations d'amour comme auraient pu en écrire des religieuses du XVIIe ou des siècles antérieurs. Il y a donc là véritablement une projection dans la personne du Führer d'attentes messianiques qui sont de véritables attentes religieuses, qui existaient avant la prise du pouvoir et qui ont facilité l'accès au pouvoir des nazis. Mais ceci est un autre domaine, ce n'est plus du domaine de la doctrine ; c'est beaucoup plus du domaine soit des militants soit des électeurs, donc de la culture politique et des interactions entre cultures politiques et cultures religieuses de l'Allemagne au milieu des années 1920-1930.

LAURENT WIRTH : Pierre Milza, peut-on en dire autant du fascisme italien ?

PIERRE MILZA : Je voudrais tout d'abord, si vous le permettez, « dédouaner » mon ami Emilio Gentile. La définition qu'il donne de la religion fasciste occupe 10 lignes dans un ouvrage de 400 pages. Les autres pages servent à expliquer comment cela a fonctionné, ou pas. De plus ce livre s'inscrit dans une œuvre qui comporte plusieurs ouvrages qui font à peu près le tour de l'histoire et de l'explication du fascisme. Ceci pour dire d'ailleurs que conformément à ce qui vient d'être dit, les choses se passent à peu près de la même façon en Italie.

À la question « la dimension religieuse de la politique a-t-elle seulement des fins de propagande pour manipuler des foules ? ». Je répondrai que s'il est ainsi, je ne vois pas en quoi la religion fasciste se distingue des autres religions (et pas seulement des religions politiques). Le fascisme n'est pas la seule religion visant à manipuler les foules : depuis les prêtres d'Amon dans l'Égypte ancienne, qui agitaient en coulisse avec des cordes la statue du dieu, jusqu'à des exemples plus contemporains que je ne citerais pas pour ne pas blasphémer, à la manière de mon ami Marc Lazar sur l'UDF.

S'agissant de la question posée, cela dépend de qui l'on parle. Le fascisme n'est pas un mouvement homogène. Si l'on prend ce qu'Étienne François appelle le « noyau dur » et qui coïncide très bien avec ce qui se passe en Italie, il s'agit de gens qui comptent parmi les premiers adhérents du fascisme. Nombre d'entre eux étaient des nationalistes ardents avant 1915. Ils vont trouver l'occasion de se réaliser, de s'épanouir dans l'aventure guerrière - ce sont souvent des engagés volontaires - mais déjà ils formaient avant le début du conflit une légion de croyants qui faisaient de l'amour de la Patrie une véritable religion. Ces gens-là ont presque tous le même cursus. Ceux que l'on appelle en Italie les *sansepolcristi*, ceux qui étaient présents à la première réunion du 23 mars 1919 à Milan, sont pour la plupart d'anciens nationalistes ou des syndicalistes révolutionnaires qui sont volontaires en 1917 pour combattre dans le corps d'élite des *arditi*,qui souvent seront blessés, mutilés, décorés, et qui vont former l'État-major du fascisme. Ceux-là sont généralement acquis au dogme, au culte, à la théologie fasciste, donc à la religion fasciste.

Ensuite, il y a le parti. Il y a d'une part ceux qui vont dans le même sens, qui ont peut-être un rôle moins important dans les structures dirigeantes du parti mais qui vont dans le même sens. Ce sont des petits chefs locaux ou simplement des militants mais qui eux aussi croient à cette religion fasciste et ne cherchent pas seulement à manipuler les foules, à commencer par Mussolini lui-même. Et puis il y a ceux dont on disait qu'ils étaient fascistes par « nécessité familiale », ou pour faire carrière. Ceux-là appartiennent à l'immense troupeau des non-croyants mais en est-il différemment dans les autres religions ? Plus le temps passe, plus ceux qui arrivent au premier rang et qui vont former les nouveaux cadres du parti, ont été enrégimentés dès leur plus jeune âge dans le mouvement. Ils ont été *balillas*, *avanguardisti,* jeunes fascistes, parfois membres des GUF (Groupes universitaires fascistes). Ils ont appris dès l'enfance à pratiquer la religion civile inventée par la hiérarchie fasciste. Plus le temps passe donc, moins on trouve de gens qui cherchent exclusivement à manipuler les foules et de plus en plus de gens qui y croient. Si bien qu'en 1943, lorsque le régime s'effondre, ce sont eux que l'on retrouve dans les milices de la République sociale. Pour eux, fascistes convaincus, la religion fasciste n'est pas seulement un moyen de propagande. Il faut tenir compte de cette évolution et de ces différentes strates existant dans le mouvement fasciste.

LAURENT WIRTH : Et en ce qui concerne le communisme soviétique, Nicolas Werth ?

NICOLAS WERTH : Je voudrais répondre à Pierre Milza concernant le facteur temps. Les communistes soviétiques peuvent être divisés en trois générations : la première croit vraiment, la seconde croit moins et la troisième encore moins. Pour répondre à Étienne François, concernant Hitler et Himmler à propos de la manière dont Hitler se moquait de ceux qui prenaient au sérieux cette affaire de religion, on a exactement la même chose avec Lénine et Lounatcharski, son Commissaire du peuple à l'Instruction publique. Ce dernier faisait partie d'un groupe d'intellectuels communistes qui ont essayé de créer une véritable religion nouvelle, centrée autour de l'Homme-Dieu, un fatras extraordinaire que Lénine trouvait parfaitement ridicule. Mais le plus intéressant dans l'affaire, c'est que c'est précisément ce petit noyau de responsables qui voulaient faire du communisme une vraie religion qui ont été nommés à la *Commission d'embaumement du corps de Lénine* mise en place aussitôt après le décès du fondateur du régime communiste ! Alors que l'on sait que Lénine était farouchement opposé à toute « sanctification » de sa personne, de son vivant comme après sa mort.

Mais pourquoi est-ce que les « héritiers de Lénine », Staline en tête, ont décidé d'embaumer le corps de Lénine ? Pour permettre au peuple de retrouver un nouveau culte des Saints (communistes), un culte des reliques que le peuple pourrait à nouveau vénérer.

Il y a, en outre, une véritable foi des croyants communistes. Lorsqu'on lit la correspondance entre les dirigeants bolcheviques, on est frappé par l'emploi constant de termes comme celui de pêché - Staline, dans sa correspondance avec Molotov, par exemple, parle sans cesse des « pêchés » de tel ou tel opposant à la Ligne, de la nécessité d'éliminer « l'impureté » (*netchist*) qui « souille » telle ou telle organisation du Parti. Les frontières de l'État sont « sanctifiées », les collectes de céréales deviennent un « commandement ». Je voudrais à ce propos vous lire un passage de la dernière lettre de Boukharine à Staline (que j'ai publiée, il y a quelques années, dans *Le Débat*). Boukharine écrit cette lettre en décembre 1937, de prison, alors qu'il est sur le point de comparaître comme « accusé-vedette » dans le troisième grand procès public à spectacle de Moscou. « Je considère, écrit Boukharine, que je dois expier ces années durant lesquelles j'ai réellement mené un combat d'opposition contre la ligne sanctifiée du Parti. Tu sais ce qui me tourmente le plus en ce moment c'est un épisode que tu as peut-être oublié, c'était pendant l'été 1928, j'étais chez toi et tu m'as dit : sais-tu pourquoi je suis ton ami ? parce que tu es incapable d'intriguer contre qui que ce soit. J'acquiesce et juste après je cours chez Kamenev. Tu me croiras ou pas mais c'est cet épisode-là qui me tourmente. C'est le pêché originel, c'est le pêché de Judas ». On croit lire du Dostoïevski.

Cette dimension religieuse est fondamentale. À la fin de sa lettre, Boukharine écrit « Ma conscience est pure devant toi Koba (c'est le nom donné à Staline par ses proches compagnons). Je te demande une dernière fois pardon, un pardon spirituel. Je te serre dans mes bras en pensée. Adieu pour des siècles et des siècles. Et ne garde pas rancune au malheureux que je suis ».

LAURENT WIRTH : Marc Lazar, que peut-on dire, de ce point de vue, des communismes français et italien?

MARC LAZAR : On retrouve des aspects comparables à ce que vient d'analyser Nicolas Werth, évidemment. Par exemple, la croyance en la cause sacrée du communisme ou la rédemption par la classe ouvrière. Ce type de lettres que l'on vient de nous lire a des échos dans le communisme français et italien. Pour répondre à la question posée, oui, il y a de la foi dans le communisme en France et en Italie. Il y a des textes sacrés pour le communisme, bien davantage que pour le fascisme : le fidèle, le croyant, doit les lire et les relire pour bien comprendre et en assimiler le contenu. Officiellement, il faut lire (ou s'efforcer de lire) et relire Marx, Engels, Lénine, Staline du moins jusqu'en 1953. L'URSS est sacralisée, comme le parti que les communistes écrivent avec un P majuscule, et les dirigeants aussi. En France, il y a eu un moment extraordinaire, en 1949, lorsque le PCF (comme le PCI, mais ce fut plus intense en France) décide de célébrer le soixante-dixième anniversaire de Staline. Le PCF a récolté quantité de cadeaux pendant des semaines et des semaines d'activités - ce fut la même chose en 1950 pour le cinquantième anniversaire de Maurice Thorez. Tous ses cadeaux ont été exposés à Paris rue Jean-Pierre Timbaud. Ils sont partis par train et sont arrivés à Moscou, où furent entreposés dans les sous-sol du Kremlin. Cet événement emblématique du culte de Staline est une bonne illustration de la dimension religieuse du communisme français.

Je voudrais juste soulever une autre question importante : le communisme a eu des allures de religion politique, au sens que j'ai donné à cette notion, mais jusqu'à quel degré ? La foi communiste est incontestable de la période de la fin des années vingt jusqu'à la fin des années cinquante-début des années soixante. Elle a été extraordinairement importante aboutissant parfois à des phénomènes de dogmatisme, de cécité, avec, par exemple, des propos d'intellectuels absolument délirants. On connaît tous l'affaire Lyssenko où les partis communistes ont essayé de faire démontrer à des biologistes le contraire de ce qu'étaient les théories scientifiques. Il y a des quantités de récits et de témoignages sur cette foi au quotidien, comme par exemple, cette anecdote qui rapporte que dans la famille d'un haut dirigeant communiste français, les enfants qui passaient devant le portrait de Staline affiché au mur devaient le saluer. Mais il faut introduire deux nuances. La première consiste à se demander si tout le monde croyait de la même façon. Même dans les périodes les plus dures, ce n'est pas certain. Je vais vous donner un exemple qui à mon sens est tout à fait révélateur, celui des ouvriers sidérurgistes lorrains des années cinquante. D'origine italienne, ils sont communistes et y croient dur comme fer - c'est le cas de le dire -. En 1953, Staline meurt. Le jour de son enterrement, qui est vraiment un exemple de phénomène religieux et qui fera d'ailleurs plusieurs centaines de morts sur la Place rouge à Moscou, le PCF, qui avait drapé de noir son siège central, donne la directive de faire 3 minutes de grève dans les entreprises pour rendre hommage au « camarade Staline ». Fabrice Montebello montre, dans un très bel article, qu'effectivement les sidérurgistes communistes de Lorraine respectent le deuil et portent le brassard noir comme on le faisait à l'époque. On a là donc une preuve évidente de leur croyance. Le seul problème c'est qu'ils l'ont fait en deux autres occasions; au moment de la mort d'Humphrey Bogart (1957) puis de celle de Fausto Coppi (1960). Bref, même dans les années les plus rudes du communisme, on pouvait à la base bricoler sa foi. Le Panthéon de ces communistes sidérurgistes lorrains d'origine italienne était constitué de Staline, mais aussi d'un acteur de cinéma américain (cinéma honni par le PCF) et d'un cycliste transalpin. La deuxième nuance est d'ordre chronologique. La religion communiste n'a pas toujours la même intensité. Après 1953-1956, elle perd de son lustre, elle attire moins. La déstalinisation signifie le doute, les questions, le début d'un long processus de désenchantement et de perte de la foi qui a d'abord touché les intellectuels puis s'est plus largement diffusé, en dépit de l'embellie provisoire qu'a connu le communisme dans les années 60-70.

Laurent Wirth : L'histoire des enfants de ce dirigeant communiste français me fait penser aux étudiants maoïstes qui proclamaient devant la photo de Mao-Tsé Toung en 1967-1968 « vive notre grand Président dont la pensée brille comme un soleil rouge au cœur de tous les peuples du monde ».

Ces religions politiques conduisent à poser le problème de leur concurrence avec les religions proprement-dites.

Marc Lazar, est-ce que vous pourriez nous dire un mots là-dessus ?

Marc Lazar : Par rapport au catholicisme, et en me contentant d'évoquer le cas français, le parti communiste français n'a pas été à parti toujours aussi anticlérical que l'on croit, au contraire. À plusieurs reprises, il a cherché des alliances avec le monde catholique : dans les années trente (« la main tendue aux catholiques »), pendant la résistance, lors des années cinquante pour la défense de l'indépendance nationale, ou encore durant la guerre d'Algérie. On a pu parler également, quelquefois, de « transfert de foi », le communisme se substituant comme croyance à un catholicisme auquel des personnes avaient renoncé mais dont elles avaient été imprégnées dans leur enfance. Des études locales ont montré que, fréquemment, le parti communiste français récupère un certain nombre de fêtes religieuses pour leur donner une autre significations, reprend certains lieux de pèlerinage pour en faire des lieux de manifestation. Cela a très bien été étudié par Michel Hastings à Halluin, une ville longtemps communiste de 1920 à 1939 sur la frontière Nord. L'auteur montre comment les communistes vont reprendre à leur compte les fêtes religieuses pour en inverser le sens. En même temps, la géographie de l'implantation du parti communiste français fait apparaître qu'il a surtout prospéré dans des lieux caractérisés par une forte déchristianisation.

Il reste une grande énigme à savoir celle constituée par les relations très fortes qui ont existé entre les juifs et le communisme. Question explosive s'il en est car cela a été l'un des grands axes de l'antisémitisme nazi qui dénonçait « le judéo-bolchevisme. » Il y a un lien très vigoureux qui tient, à mon sens, à deux éléments. D'une part, les juifs qui rejoignent le communisme ne sont plus ou n'ont jamais été croyants, mais, en même temps, ils cherchent la solution à la question juive. Par conséquent ils pensent que l'universalisme communiste permettra de tout résoudre, y compris la question juive, c'est-à-dire l'oppression spéciale que vivent les juifs. D'autre part, lorsque les juifs ont adhéré au communisme - et ils ont été très nombreux comme ils ont été très nombreux dans cette variante du communisme bolchevique qu'est le trotskisme - il y ont apporté une dimension messianique et prophétique. Évidemment, les juifs communistes ou sympathisants du communisme ont été très perturbés par les campagnes antisionistes qui sont devenues des campagnes antisémites une fois que l'URSS, après avoir soutenu la création d'Israël en 1948, a commencé à dénoncer le sionisme international avec les procès dans les pays de l'Est et en Union soviétique et des persécutions antisémites. Très souvent, les juifs passés par le communisme, une fois qu'ils en sont sortis, ont commencé à rechercher leurs racines culturelles voire, parfois, religieuses.

J'en termine avec une dernière question: est-ce que, finalement, les religions politiques sont équivalentes à d'autres religions, notamment celles du Livre ? C'est la grande question parce que les religions politiques passent : elles n'ont pas une durée de vie très longue, elles sont fragiles. Le communisme, au bout d'un moment, je l'ai dit, perd de sa capacité de croyance, d'attraction. Avec la défaite du nazisme et du fascisme, leurs religions s'effondrent ; or les religions du Livre continuent aujourd'hui encore tout en évoluant. Il y a là un mystère à dissiper. Alain Besançon nous trace des pistes d'intelligibilité. Dans Les origines intellectuelles du Léninisme, il écrit ces lignes superbes et profondes que je vous livre : « Abraham, Saint-Jean, Mahomet savent qu'ils ne savent pas. Ils savent qu'ils croient. [...] Lénine ne croit pas qu'il croit. il croit qu'il sait ». Cette différence primordiale, vous le comprenez bien, remet en cause la pertinence même de la notion de religion politique. Ce qui complique encore la réflexion. Il me semble, par conséquent, qu'il existe des religions politiques mais qui, au fond, ne sont pas identiques aux religions classiques.

NICOLAS WERTH : Dans le cas soviétique il y a bien sûr la relation de concurrence entre le communisme et la religion orthodoxe. Je rappelle ici la position tout à fait particulière de l'orthodoxie, qui est celle d'une religion d'État sous le tsarisme. Le lien extrêmement fort entre l'Église orthodoxe et l'État d'Ancien régime découle de la vieille tradition (héritée de Byzance) dite de la « symphonie des pouvoirs », l'Église et l'État étant censés être en parfaite harmonie car découlant d'une seule et même source c'est-à-dire la volonté de Dieu. Évidemment, cette situation est très différente de celle qui existe dans d'autres pays, en Italie où en Allemagne, par exemple. On peut dire, pour simplifier, que dans un premier temps (jusqu'à la fin des années 1930), le bolchevisme a tenté d'éradiquer totalement la religion orthodoxe, symbole de l'Ancien régime déchu. Un seul chiffre : il y avait 55 000 églises dans l'Empire Russe en 1913, il en reste moins d'un millier dans l'URSS d'avant-guerre. Au moment de la « Grande Terreur » de 1937-1938, on assiste à une véritable campagne d'extermination du clergé : environ 40 000 prêtres sont fusillés. Au moment de la « Grande guerre patriotique » (1941-1945), Staline opère un revirement à 180° sur le front de la « lutte anti-religieuse ». Mettant l'accent, pour souder le pays et la société menacées par l'invasion nazie, sur la continuité de la Nation russe à travers l'histoire, Staline met en sourdine la propagande anti-religieuse. L'Église orthodoxe, partie intégrante du Passé national russe désormais exalté, fait partie de « l'héritage », de la longue histoire multiséculaire du peuple russe.

Il y a enfin une dernière grande campagne anti-religieuse lancée par Nikita Khrouchtchev en 1957 exactement au moment où celui-ci réactive le mythe du communisme. Encore cette relation de concurrence… À l'époque brejnévienne, le régime adopte une attitude encore différente : il s'agit désormais d'infiltrer la hiérarchie orthodoxe notamment par les services du KGB : ce qui inquiète les autorités désormais, ce sont toutes les églises dissidentes : les sectes, les églises dites « du désert » etc. L'église orthodoxe devient un instrument de contrôle des autres confessions non-orthodoxes. On voit ici encore combien le facteur temps est fondamental : tout au long des 74 ans d'existence du régime soviétique, l'attitude du Pouvoir vis-à-vis de la religion et de l'Église a évolué, même s'il existe, naturellement, des constantes.

PIERRE MILZA : Pour le fascisme, la question est compliquée. Premier point : Mussolini est athée. Alors qu'il était émigré en Suisse, au cours d'une réunion organisée par les socialistes locaux, il sort un réveil, le pose sur la table et dis « je donne cinq minutes à Dieu pour me foudroyer s'il existe ». Au bout de cinq minutes, il ne se passe rien, il en déduit qu'il n'existe pas. Cela ne l'empêche pas une fois arrivé au pouvoir d'hériter d'un pays où il y a 98% de catholiques et 95% de catholiques pratiquants. Il fera avec. C'est-à-dire qu'il va s'appliquer à utiliser cette situation pour renforcer le régime. D'où les longues négociations qui aboutiront en 1929 aux Accords du Latran. Cette période de coexistence entre la religion politique et la religion catholique ne se déroule pas trop mal au début, encore que très vite l'église catholique manifeste sa volonté, oserai-je dire « totalitaire » de réaffirmer son influence dominante sur le corps social. Plusieurs mois avant la signature des Accords de Latran, le père Tacchi Venturi, un ecclésiastique qui représente le Vatican auprès du dictateur et négocie avec lui les futurs accords, vient dire à Mussolini que sa Sainteté a décidé d'offrir au régime fascisme les crucifix que l'on va réinstaller dans les tribunaux et dans les écoles. Il n'y en avait plus puisque, depuis l'installation de la capitale à Rome, les rapports entre l'État italien et le Saint-Siège étaient rompus. Tout de suite après la signature des Accords, le même ecclésiastique vient expliquer au Duce que dans les cinémas romains, pendant l'entracte, il y a des jeunes femmes qui, « dans la tenue de notre mère Ève, avant la faute, viennent danser sur la scène, alors que nombre de familles se trouvent au grand complet dans la salle » etc. On ne veut plus de cela. Mussolini obtempère. Il essai donc de faire coexister la religion fasciste avec les préceptes du catholicisme.

La relation devient problématique à partir du moment où la hiérarchie catholique s'emploie à renforcer son influence auprès de la jeunesse et entre par conséquent en conflit avec un régime qui entend enrégimenter la masse des jeunes italiens dans une religion qui est celle de l'État. Il y a véritablement friction entre le pouvoir, la religion d'État et l'église catholique. Un seul exemple, emprunté au monde du sport : le grand champion cycliste de l'époque est Gino Bartali. Membre d'une organisation sportive qui dépend de l'Action catholique, il est très pieux et constitue la bête noire des fascistes intransigeants, précisément parce qu'il incarne des valeurs qui sont celles du catholicisme. Les fascistes se moquent de l'image, continûment reproduite par les journaux catholiques, d'un Bartali grimpant les cols du Tour de France, qu'il gagnera à deux reprises en 1938 et 1948, salué comme un nouveau Christ souffrant, portant en lui la rédemption du monde et du peuple italien. Les journaux fascistes vont plutôt utiliser l'image de Primo Carnera, champion du monde de boxe toutes catégories et fasciste convaincu, ou celle de l'équipe italienne de football, victorieuse de la coupe du monde en 1934 et 1938. Songez qu'on a pensé alors à remplacer le mot *calcio* (qui sigifie coup de pied) par le mot football comme tout le monde. Les fascistes n'ont pas voulu : « nous sommes le pays qui donne des coups de pieds au reste de l'Europe et du monde ». Il y a vraiment opposition entre les valeurs fondamentales de compassion de l'église catholique et les valeurs du fascisme qui sont la guerre, le sang, la souffrance, la violence.

Troisième point, tout aussi important : la naissance à l'intérieur de l'Italie d'une religion nationale mais populaire qui est celle décrite tout à l'heure pour l'Allemagne, c'est-à-dire des milliers de gens qui viennent s'agenouiller sur le passage du Duce, les milliers de lettres qu'il reçoit, et la foule qui se déplace spontanément lors de ses voyages dans la péninsule.

Pourquoi cela a-t-il marché ? Aussi longtemps que l'Italie gagnait, sur les stades ou dans les stades de l'Éthiopie. Tant que le fascisme a été conquérant et a apporté aux Italiens des compensations de prestige à la perte de leur liberté. À partir du moment où le chef charismatique s'est trompé en faisant la guerre aux côté d'Hitler et s'est fait battre, la religion populaire s'est effondrée, et c'est ce qui explique la scène macabre de la piazza Loreto, à Milan, à la fin du régime en 1945.

Étienne François : Lorsque les nazis arrivent au pouvoir, la priorité pour eux est de neutraliser toutes les formes d'opposition possibles et en particulier celles qui pourraient surgir dans les milieux religieux. Ce n'est pas difficile. Dans les Églises protestantes, il y a une très forte attente d'un sauveur qui réalise en même temps une sorte de christianisme national, donc il y a une adhésion très forte de leur part à Hitler. Pas du tout sur des bases racistes mais sur celles d'un christianisme allemand régénéré. Du côté du catholicisme, il n'y pas un pacte immédiat; mais le catholicisme allemand est tellement anti-communiste et tellement hostile à la modernité qu'il accepte dans le régime d'Hitler le retour à l'ordre, à la morale et à l'efficacité du combat contre le communisme. C'est ce qui explique la facilité avec laquelle le parti du centre catholique s'est sabordé et a donné les pleins pouvoirs à Hitler. Donc au début les choses se passent bien. Par la suite, les nazis se rendent compte que cet accommodement est partiel et que les deux confessions chrétiennes résistent à leur manière et ne se laissent pas complètement absorber comme ils l'auraient voulu. Il y a même des mouvements d'opposition qui commencent à s'affirmer. Le plus net est celui qui s'affirme au sein de l'Église catholique, en particulier les sermons contre l'euthanasie de l'évêque de Munster qui vient d'être béatifié. Nous sommes pendant la guerre et le régime ne veut pas s'affronter directement aux Églises puisqu'il est sur la ligne de l'union sacrée pour défendre la patrie contre le monde coalisé. Mais ce que l'on sait très bien d'après les déclarations d'Hitler et des autres, c'est qu'il se promettait, une fois qu'il aurait gagné la guerre, de régler leur compte aux Églises et de pratiquer à leur égard une politique qui serait très voisine de celle qui avait eu lieu dans le cas de l'Union soviétique. Et c'est là que l'on voit que la comparaison entre les deux est une comparaison qui s'impose : communisme et nazisme ne cessent de se regarder les uns les autres et de se faire des emprunts mutuels, soit pour les reprendre à leur compte soit pour s'en démarquer. Voilà pour le rapport entre nazisme et communisme.

Quant à la religion nazie proprement dite, il y a eu de plus en plus de jeunes personnes en Allemagne qui ont eu une véritable foi dans le nazisme comme valeur transcendante, comme absolu qui donne un sens à leur vie et à la vie de la collectivité. Mais cela ne marche que jusqu'en 1945. Lorsqu'alors le régime s'effondre parce qu'il est à bout et vaincu militairement, on voit qu'il ne reste plus rien des formes de croyance nazie. Un grand nombre de familles qui s'étaient retirées des Églises - elles avaient rédigé l'acte officiel par lequel elles disaient ne plus appartenir ni à l'Église catholique ni à l'Église protestante -et qui étaient devenues soit sans religion soit avec une vague religiosité en dehors des religions établies, rentrent dans les Églises traditionnelles soit catholique soit protestante. Il n'a donc plus du tout de traces de religiosité nazie dans cette Allemagne après 1945. C'est d'ailleurs ce qui surprend les observateurs. Tout le monde craignait une résurgence sacralisée du nazisme et c'est pour cette raison qu'à Berlin vous ne trouverez aucune indication vous disant où se trouvait le bunker de Hitler : on avait trop peur qu'il y ait des sortes de pèlerinages qui s'y retrouvent. Mais en fait, il n'y a aucun risque de ce côté-là et personnellement je n'ai aucune crainte.

Un dernier point : pourquoi une hostilité si forte envers les Juifs qui se termine dans la Shoah ? Foncièrement elle n'est pas religieuse. C'est une hostilité biologique, eugéniste, hygiéniste, le culte de la race allant de pair avec celui de la pureté. Mais cette hostilité qui débouche sur le massacre s'exprime très souvent dans un vocabulaire religieux de type millénariste, et c'est ce qui donne l'impression qu'il s'agit là d'une haine religieuse.

Laurent Wirth : Messieurs, je vous remercie pour la richesse de ce débat qui nous a permis de mettre au clair dans une perspective comparatiste la question de la dimension religieuse des totalitarismes.

À Blois, le 14 octobre 2005

Religion et politique dans l'antiquité

Paul VEYNE

Mesdames, Messieurs,

Nous allons commencer par une anecdote historique contemporaine, continuer par d'ennuyeuses généralités et finir sur des exemples historiques tirés de l'antiquité païenne et chrétienne.

La scène se passe à Saint-Pétersbourg, le soir du 25 octobre 1917. Ce jour-là, sous la direction de Lénine et de Trotski, le Parti communiste bolchevik vient de prendre le pouvoir ; quelques coups de canon l'ont rendu maître de ce qui était encore l'Empire des tsars neuf mois auparavant. Ainsi donc, ce soir-là, pour la première fois dans l'histoire du monde, une révolution sociale, la seule révolution qui soit digne de ce nom, venait d'écraser la bourgeoisie. Le comité central bolchevik était installé dans le collège des demoiselles de la noblesse, l'Institut Smolny. La nuit venait de tomber. On jeta dans une chambre isolée deux matelas côte à côte, sur lesquels, raconte Trotski dans ses *Mémoires*, lui-même et Lénine passèrent la nuit à causer à voix basse. Ce qu'ils se dirent, nous l'ignorons, mais nous pouvons deviner sans peine ce qu'il y avait dans la tête de Trotski : que la journée qui venait de s'écouler était la plus importante dans l'histoire depuis les origines de l'humanité. En effet, jusqu'alors l'évolution de l'humanité, que nous appelons l'histoire, n'avait été qu'une préhistoire interminable, injuste et absurde. C'était seulement en ce 25 octobre, avec les prodromes d'une société sans classes sociales et d'une organisation cohérente de l'humanité, que commençait l'histoire digne de ce nom. Les bolcheviks venaient d'être les rédempteurs de l'humanité.

Comme chacun sait, la suite des événements allait bientôt être moins radieuse et prouver, hélas, que qui veut faire l'ange fait la bête. Mais là n'est pas notre problème. Notre propos va porter tout d'abord sur ce que Raymond Aron, David Apter ou Émilio Gentile appellent les religions de la politique. Cette alliance de mots, à mon sens, ne peut être prise à la lettre ; elle mélange deux réalités qui sont très différentes, bien qu'il leur arrive de se mêler. Sentir comme Trotski qu'on est dans le sens de l'histoire humaine en ce monde réel n'est pas la même chose que d'éprouver le frisson spécifique du surnaturel divin.

Certes, l'emploi des mots est libre et on peut leur donner le sens que l'on veut ; on peut fort bien décider d'appeler religion toute croyance, même politique, qui suscite des sentiments ardents, quels qu'ils soient. Certains ont même voulu voir, trop charitablement ou trop dogmatiquement, dans ces prétendues religions politiques, des variantes égarées, perverties de l'authentique religiosité qu'il y a en l'homme. Mais on peut aussi décider, comme nous allons le faire, de donner un sens plus étroit au mot de religion. Le problème devient alors celui des interférences fréquentes entre la religion, au sens usuel du mot, et la politique proprement dite. Comment ces interférences peuvent-elles se produire ?

Pour tenter de répondre à cette question, je me vois obligé de commencer par quelques généralités. Comme tous les mots abstraits dont les historiens sont obligés de se servir, la notion de religion est une notion vague qui recouvre un pêle-mêle de réalités les plus diverses, des coutumes, une morale, des rites de passage, des revendications identitaires... Pour citer Wittgenstein, une idée vague comme celle de religion est comparable à la lumière d'une lampe de bureau ; le point central sous la lampe à savoir le sacré ou sentiment du divin, est clair, bien délimité et spécifique, mais les limites de la large auréole éclairée par la lampe sont de plus en plus floues et incertaines.

L'incroyant que je suis n'en est pas moins persuadé que le point central des religions, c'est-à-dire le sens du divin, est une réalité humaine spécifique, irréductible à toute autre, comme est irréductible, par exemple, le sens de la beauté ; le divin est un noyau infracassable, inexplicable par d'autres sentiments, par quelque besoin de consolation, par quelque inquiétude devant l'univers et tout ce qu'on voudra. Le divin, que les sociologues appellent le sacré, éveille une affectivité très particulière que lui seul peut susciter, il possède une « qualité » qu'il est seul à avoir. On peut dire qu'il y a qualité lorsque, pour être compris lorsqu'on parle d'une chose, il faut que l'interlocuteur ait déjà la connaissance de cette chose : la qualité n'est pas explicable par des notions antérieures, car elle est une expérience première ; on en est réduit à la tautologie ou à la paraphrase, comme pour parler des couleurs à un aveugle. Une conséquence amusante en est qu'il est impossible de décrire ce que pourrait bien être la qualité d'un sixième sens qui viendrait s'ajouter à nos cinq sens : aucun auteur de science-fiction n'y est encore parvenu.

Le divin, auquel les individus sont très inégalement sensibles, est « une qualité primaire qu'on ne peut dériver d'autre chose », disait l'incroyant Simmel ; c'est aussi irréductible, à travers ses avatars historiques, que le sentiment du beau. Par exemple Jean Piaget croit pouvoir affirmer que le sentiment religieux « a sa source dans les rapports de l'enfant avec ses parents et qu'il est le sentiment filial lui-même ». Mais on a peine à croire qu'une qualité puisse être le produit d'une projection psychologique ; au contraire, on croirait plutôt que le bébé découvre le divin en ses parents.

Contre Piaget joue la critique de G. Simmel : la religiosité, écrit-il, est « une catégorie a priori qu'on ne peut dériver d'autre chose » et toute tentative de la dériver d'autre chose, de la peur, de l'amour, de l'angoisse, etc., n'expliquera jamais d'où peut bien venir ce saut vers cette qualité si particulière qu'est le sens religieux. Pour un incroyant, il ne s'ensuit pas que ce que fait sentir le sens du divin existe réellement : aucune intuition intellectuelle, au sens que les philosophes donnent à ces mots, ne me fait voir Dieu comme j'intuitionne ce que j'ai devant les yeux et comme je sais que je pense.

Mais revenons à la lampe de bureau, chère à Wittgenstein. Si le point central de sa lumière, à savoir la qualité du divin, est clair et bien délimité, la large auréole éclairée est de plus en plus vaste et ses limites sont incertaines. Si bien que cette auréole de vague luminosité religieuse finit par aller rehausser sur ses bords les réalités les plus diverses. En effet, la religion sert sans cesse à mille choses auxquelles elle prête son nom et un tout petit peu de son émotion. Elle sert à des solennisations et à des légitimations. Elle solennise par exemple ce que les folkloristes appellent les rites de passage, mariage avec messe de mariage, naissance avec baptême à l'église, entrée dans l'âge adolescent avec la première communion, toutes cérémonies sacrées qui sont plus largement arrosées que pieuses. La religion peut ou pouvait aussi légitimer le pouvoir d'un roi sacré à Reims, l'amour sacré de la patrie, une identité nationale. La légitimation s'étend souvent à la morale ; les fils n'épousent leur mère chez aucun peuple ; en Israël, ils obéissent aux Tables de la Loi en ne le faisant pas.

La religion peut aussi, je l'ai dit, s'étendre à l'identité du groupe des croyants, elle peut prendre la fonction de marquer l'appartenance à un groupe humain. Ce qui a multiplié les mauvaises querelles et les faux problèmes. Dans le paganisme, où la religion n'avait pas de fonction identitaire, offenser un dieu demeurait une affaire personnelle entre l'offenseur et le dieu offensé ; les hommes ne s'en mêlaient pas et laissaient au dieu le soin de punir l'offense à lui faite ; *deorum injuriae dis curae*, disaient les juristes romains.

Dans une religion identitaire, en revanche, offenser un dieu, c'est offenser le groupe de tous ceux qui se réclament de ce dieu, quand bien même la majorité d'entre eux ne seraient que des croyants coutumiers, peu assidus à la pratique religieuse, mais qui se découvrent remplis d'un zèle pieux si un jour leur religion est ou semble offensée. Est-ce leur religiosité qui souffre le plus de cette offense, ou est-ce leur identité ? Leur religion est majoritairement coutumière, comme le sont majoritairement toutes les religions du globe ; car, comme toutes les intensités, la piété intense est réservée à une poignée de virtuoses. Pour la majorité des croyants, la religion est une coutume respectée, tenue pour évidente comme le sont toutes les coutumes. Ils sont mariés à cette coutume, ils lui sont fidèles, mais ils n'en sont pas nécessairement amoureux. L'amour-propre identitaire doit être une passion plus forte.

Pourquoi fait-on ou faisait-on ainsi appel à la religion pour légitimer une identité ou encore pour solenniser une cérémonie un rite de passage ? Pour deux raisons : parce que la religion était l'autorité la plus élevée à laquelle on crût, et donc la plus respectable de toutes les croyances et parce que la majorité des hommes y croyait. Oui, en tout temps, en tout lieu le sentiment religieux a été majoritaire. Même en Europe, même de nos jours, la sensibilité religieuse est éprouvée, au moins à l'état naissant, par la majorité de la population, y compris chez les incroyants ou du moins les indifférents, ne serait-ce que sous la forme d'une curiosité particulière. Seul ce minimum de sensibilité religieuse qui est toujours majoritaire peut expliquer l'existence d'une religion dans toutes les sociétés et à toute époque.

Puis-je m'expliquer sur ce fait majoritaire ? Lorsqu'on entreprend de décrire la piété et l'incroyance en un siècle quelconque, la documentation suggère que la distribution des fréquences et des intensités est sensiblement la même d'une époque à l'autre. En dépit de différences énormes à tout autre égard, la proportion des majorités et des intensités, des minorités et des médiocrités, est un peu toujours la même. Ne pensant pas être suspect d'homophobie, je rappellerai pareillement qu'à travers les énormes variations historiques que l'on sait l'hétérosexualité a toujours été plus répandue que l'homosexualité (ce qui ne prouve évidemment rien).

De même, deux « partis » virtuels inégaux se partagent religieusement la population. Comme le sens musical, qui est pourtant très répandu, la sensibilité religieuse n'est pas donnée à tous (en revanche, elle est pressentie par beaucoup, même si l'intensité en est faible). Dans l'un de ces partis, la religion est une foi ou plus souvent une religion coutumière bien installée ; ou au minimum elle jouit d'un préjugé favorable, comme c'est le cas de nos jours. Dans l'autre parti, qui est minoritaire, la religion est une chose indifférente, étrangère et parfois haïe. C'est là une autre constante : même aux époques dites de foi, même sous saint Louis, il a existe une minorité incroyante ou même agressivement antireligieuse.

Mais le parti majoritaire est toujours celui qui, même peu intensément, est favorable à la religion. De nos jours encore, en Occident, la sympathie pour la religion demeure forte, alors que la pratique religieuse se raréfie et que beaucoup de gens ne pensent pas à Dieu une fois par an. En l'année 2000, un gros quart des Français se disent catholique dans les sondages, mais plus de la moitié de ce quart ne pratiquent jamais. Si l'on interroge l'indifférence, elle se révèle souvent partiale en faveur de la religion, qui lui inspire du respect, une sympathie de principe et au minimum une curiosité, un désir de s'informer ; on court en banlieue parisienne voir et écouter le pape.

Cette partialité tient à une particularité dont les religions ne sont pas les seules à bénéficier : nous ne restons pas insensibles à des valeurs (religieuses, culturelles, éthiques…) que nous ne faisons pourtant que pressentir, qu'entrevoir dans le lointain ; lorsque ces valeurs parlent, il y a, au fond de la plupart des hommes, quelque chose qui leur fait imperceptiblement écho. Non, n'ironisons donc pas non plus sur les visites guidées de touristes incultes dans les pinacothèques : même s'ils ne sont pas destinés à tout découvrir un jour, ils auront pressenti quelque chose et, n'en déplaise à l'ami Bourdieu, ce pressentiment ne se réduit pas à subir l'autorité de la « culture dominante ».

Au total, si l'on néglige les intensités, les cas d'élite, les grandes sincérités, et qu'on se borne aux effets de masse, une sociologie de la religion pourrait bien supposer deux principes presque opposés, le conformisme et le pressentiment. *Primo*, chaque société a ses coutumes, qui lui donnent son identité, son *habitus*, si vous voulez, et la majorité des membres les respectent ; ils pratiquent leur religion nationale, au même titre que les autres coutumes de leur pays. *Secundo*, on ne reste pas insensible à des valeurs qu'on ne fait pourtant que pressentir et qu'on ne met pas en pratique sérieusement.

Laissons ces généralités et passons aux anecdotes, à ce pêle-mêle de réalités plus ou moins religieuses dont je parlais irrévérencieusement, par exemple à un joyeux banquet de baptême très arrosé ; ou encore à. un sacrifice antique à Jupiter, suivi d'un joyeux festin. Ce sacrifice où le dieu n'a que les os, la fressure et la fumée, tandis que la bonne viande est pour les hommes, est aussi intéressé que pieux, et les comiques grecs sont les premiers à en plaisanter. Le mot grec *philothytès*, qui désigne un homme qui sacrifie souvent aux dieux, désignait en fait un riche amphitryon qui offrait de bons dîners. Entre l'élément pieux et l'élément profane, il y a souvent un partage dans le temps. En Afrique chrétienne, les pèlerinages aux tombeaux des martyrs se terminaient, la nuit venue, par des réjouissances ou *laetitiae* peu édifiantes et par des amours faciles. Le pèlerinage que décrit Chaucer dans les *Contes de Canterbury* fut un joyeux voyage. Mais, durant le sacrifice à Jupiter, ou à l'arrivée devant les reliques du saint, on avait quelques heures de recueillement (de même, aujourd'hui, le tourisme ou changement dépensier de lieu et d'habitudes a souvent un prétexte culturel auquel on sacrifie à l'arrivée en quelques visites guidées de musées et monuments).

On trouve de tout dans le pêle-mêle des diverses religions, on y trouve par définition l'aura de sainteté qui rayonne des dieux, on y trouve à peu près toujours des rites, on y trouve exceptionnellement une Église, on y trouve l'espérance pour les prochaines récoltes, la prédication de la morale, l'espoir ou la crainte d'une justice immanente, la légitimation de la société traditionnelle, l'expérience mystique, la transe, des coutumes ethniques (le voile islamique est-il coutumier, politique, social ou religieux ?), etc.. Et l'érotisme ! J'ai failli l'oublier, ainsi que le sentiment de la nature, qui divinise d'une épithète sacrée le nom d'un beau lieu ou y place un sanctuaire.

L'auréole de lumière de plus en plus floue dont parle Wittgenstein a parfois égaré les historiens. Combien de fois n'a-t-on pas dit que dans l'antiquité la religion était partout ! Oui, mais de façon ambiguë et pour deux raisons. D'abord il n'existait pas de corps de prêtres qui fût revêtus d'un caractère sacré et auquel l'exercice du culte fût réservé, comme c'est le cas dans le catholicisme, où tout prêtre est supérieur au reste des hommes, rois compris, car lui seul peut accomplir le miracle de l'eucharistie et remettre surnaturellement les péchés ; dans l'antiquité, tout homme, libre ou esclave, pouvait officier, sacrifier, rendre aux dieux leurs honneurs ; un père de famille offrait de sa propre main un sacrifice aux dieux de la maisonnée, ou bien il en chargeait un de ses affranchis.

Ensuite, dans l'antiquité, la solennisation ne se faisait pas au moyen de cérémonies laïques ou patriotiques, comme chez nous, mais était empruntée à la religion. Les concours athlétiques à Olympie, ce que nous appelons les jeux olympiques, étaient officiellement consacrés à Zeus et à Héraclès, mais une documentation surabondante prouve qu'ils étaient vécus comme des spectacles profanes ; les foules y venaient pour le sport et pour la foire ou « panégyrie » qui se tenait au même moment. De même, de nos jours, à Sienne, peu d'habitants et peu de touristes songent que le Palio de Sienne est dédié à la Vierge.

Ainsi donc on peut mettre de la religion partout, et donc pourquoi pas dans de la politique. Arrivé à ce point de mon homélie, je demande la permission de marquer un temps d'arrêt pour prévenir trois malentendus possibles. Non, je ne crois pas un instant que la religion ne soit que de l'idéologie légitimant des coutumes ou des intérêts, pour la simple raison que l'idéologie n'est qu'un mot. Non, je ne réduis pas la religion à ses emplois profanes ; je crois au contraire à la spécificité irréductible de la qualité du divin. Non, je ne pense pas qu'une religion, parce qu'elle se donne comme la vérité suprême, mène fatalement à un totalitarisme intolérant ; il faut pour cela, par exemple, qu'elle serve d'identité nationale ou de super-nationalité rêvée.

Monothéisme ou pas, les dieux ne s'excluent pas nécessairement les uns les autres. Considérons l'antiquité païenne. On y admettait paisiblement que chaque peuple avait ses dieux nationaux et y avait droit, y compris les Juifs ; les dieux du paganisme n'étaient pas des dieux jaloux. Car tous les dieux étaient vrais, y compris les dieux étrangers et inconnus, et on supposait volontiers qu'ils étaient partout les mêmes, sous des noms différents, de même qu'un chêne est partout un chêne et a un nom différent dans chaque langue.

Une phrase de César, décrivant la religion des Gaulois, est lumineuse : les Gaulois, écrit-il, adorent surtout Mercure, Apollon, Mars, Jupiter et Minerve. Ils se font de ces dieux à peu près la même conception que s'en font tous les autres peuples, ajoute-t-il textuellement. Les noms des dieux se traduisaient d'une langue à l'autre, comme font les noms communs ; Zeus se dit Jupiter en latin et Taranis en gaulois. Lorsqu'un Grec ou un Romain se trouvait à l'étranger, il adressait prudemment ses vœux à la divinité locale au nom barbare, puisqu'elle existait et qu'elle était la plus proche. Toutes conceptions que les chrétiens repousseront avec horreur, si bien qu'on les tiendra pour des athées, ennemis de tous les dieux et des autres hommes.

En matière religieuse, le régime établi était la libre entreprise. Tout individu pouvait établir un temple au dieu qu'il voulait, comme il aurait ouvert une boutique. Il ne lui restait qu'à espérer avoir des clients, qui viendraient offrir un sacrifice à la nouvelle divinité et laisserait en paiement une moitié de la victime animale au prêtre, lequel la revendrait. Car les temples concurrençaient les boucheries.

Les pouvoirs publics hésitaient à contrôler la religions des citoyens. Parfois une cité décidait de faire une grande cérémonie publique et collective, par exemple pour l'inauguration d'un nouveau sanctuaire ou pour expier l'assassinat de Jules César. Toute la population recevait l'ordre d'y prendre part, mais la loi ajoutait simplement que, si certains s'avisaient de n'y pas participer, cela ne leur porterait pas bonheur et que les dieux les en puniraient ; aucune autre sanction n'était prévue contre ces impies, car un principe du droit romain était que c'était aux dieux seuls qu'était réservé le soin de punir les injures faites aux dieux.

Certes une cité, Délos ou Rome, pouvait toujours s'opposer à l'introduction d'une « superstition étrangère », car les rites des dieux barbares étaient parfois choquants ou immoraux, or on jugeait les religions sur leurs rites. En cette affaire il s'agissait plus de ces rites que de la divinité elle-même. Mais inversement il arrivait qu'une cité estimât avoir intérêt à importer une divinité étrangère, comme on acclimate chez soi des plantes exotiques utiles ; en l'an 204, Rome, qui se trouvait en grand danger, recourut à cette solution et introduisit le culte public d'une déesse asiatique, la Cybèle de Pessinonte.

Le paganisme des cités antiques n'était pas une identité civique. Dans chaque cité, chacun adorait les dieux qu'il voulait, selon ses préférences ou selon les occasions. Les individus et les familles avaient leurs dieux et leur rendait un culte, de son côté, la cité avait aussi les siens et leur rendait le culte dit public. Ce culte officiel de la cité n'était pas nécessairement le même que les cultes individuels ou familiaux de ses citoyens. La cité d'Athènes avait Athéna pour divinité, mais un Athénien n'était pas tenu d'adorer Athéna et de n'adorer qu'elle. S'il adressait de préférence ses vœux ou ses remerciements à Athéna, c'était parce qu'elle était la protectrice la plus proche, mais il pouvait aussi invoquer Apollon, Dionysos ou, s'il était malade, Asclépios, dieu guérisseur.

Sous l'Empire romain, il arrivait que l'empereur ait un dieu favori, un dieu d'élection ; il profitait de sa haute situation pour lui faire bâtir un sanctuaire sur les crédits publics, mais il ne songeait pas un instant à imposer le culte de ce dieu à ses sujets. Non, les païens n'ont jamais formé une communauté religieuse et encore moins une Église ; c'est pourquoi le paganisme n'a jamais entraîné de conflit politique d'identité.

Comme on voit, nous sommes aux antipodes du christianisme et de son exclusivisme religieux. Je ne prononcerai pas à ce sujet le nom, souvent suspecté de nos jours, de monothéisme, car il me semble que le monothéisme, dont on semble faire tant de cas, n'est qu'un mot commode et une idée confuse qui recouvre des réalités compliquées et fort différentes, ou n'en recouvre aucune, mais laissons cela. Il vaut peut-être mieux imputer cet exclusivisme à une autre particularité du christianisme : c'est une religion qu'il faut professer ; on n'est pas chrétien sans se dire chrétien, sans le professer, le confesser. En revanche, on ne se disait pas païen : on l'était. On ne disait pas hautement " croire " aux dieux : il allait sans dire qu'on y croyait, puisqu'on leur rendait un culte !

En revanche, les religions qu'il faut professer expressément donnent politiquement lieu à des identités : avec le christianisme, le monde sera désormais peuplé de chrétiens, de juifs, de manichéens, de musulmans, de nestoriens, de païens, avec les conséquences politiques et guerrières que l'on sait. Ce n'est pas parce que ce sont des monothéismes que le christianisme ou l'islam ont pu être des identités de groupe, des patries spirituelles, des sortes de patriotismes, mais parce qu'elles sont professées : je crois en Dieu, Allah est le seul dieu. Les polythéismes peuvent être non moins patriotes, le culte étant la partie la plus sacrée des coutumes : contre un envahisseur, tous se battent *pro aris et focis*, pour leur foyer qui est aussi l'autel de leur dieu domestique. Une autre question est le prosélytisme plus ou moins envahissant de quelques religions, mais il y a plusieurs façons d'être prosélyte : nous y reviendrons.

Les historiens se méfient volontiers des affirmations globales et la suite de mon exposé, si vous voulez bien y prêter l'oreille, va évoquer au pas de course quelques conflits religieux qui furent si différents entre eux qu'ils furent autant de cas particuliers et qu'ils ne découlent pas de quelque nature de toute religion.

Commençons par un exemple de religion à laquelle on reprocherait à tort de ne pas s'être mêlée du bien moral et social. Il est indiscutablement faux que le christianisme ait mis fin à l'esclavage, comme ont voulu le croire Chateaubriand et le catholicisme libéral : les chrétiens de l'antiquité n'y ont même pas pensé ; au contraire, ils ont dit aux esclaves d'obéir à leurs maîtres. Ils avaient des esclaves et les traitaient tantôt bien, tantôt mal. Mais il serait inadéquat de s'en étonner et injuste d'en faire le reproche à leur religion, car le christianisme est une doctrine du salut dans l'au-delà, après la mort, et non un plan de réforme sociale pour ce bas monde. Ce salut surnaturel s'obtient par le respect de la morale pendant cette vie et, lorsque saint Paul dit aux esclaves d'obéir à leur maître, aux femmes, à leur mari et aux hommes, au gouverneur romain, il ne fait que rappeler quelles étaient les règles les plus sévères de cette morale à son époque. Il ne pouvait pas prévoir les droits de l'homme, le féminisme, la justice sociale et l'abolition de l'esclavage au XIXe siècle.

Nous sommes tous frères, mais dans le Christ, dit saint Paul, désignant par là notre participation à la vie de l'Église et notre communion avec le Seigneur ressuscité. Cela ne veut pas dire que le maître et l'esclave sont égaux en ce bas monde, ils sont seulement égaux et frères en esprit, en religion, dans le Christ

Passons à un conflit idéaliste, la révolte de Vendée pendant la Révolution française. Outre bien d'autres griefs plus matériels ou politiques contre les Bleus, la religion était pour cette société paysanne une coutume à part, elle appartenait à un ordre des choses plus respectable que tout autre, l'attaquer était aussi monstrueux que le sont à nos yeux les crimes contre l'humanité, la défendre était une cause sainte.

Après cette part d'idéal collectif désintéressé, passons au rapport de chaque individu avec lui-même, à son estime de soi, à ce que Foucault appelle la subjectivation. Au XVIe siècle, les Guerres de Religion en Europe ont eu évidemment un grand nombre de causes des plus hétérogènes, politiques, sociales et religieuses. N'en mentionnons qu'une : les protestants ne voulaient plus d'une Église catholique maîtresse des consciences, ils voulaient juger par eux-mêmes de leur religion et de la Bible, ils ne voulaient plus avoir à aller se confesser à des prêtres, ils ne voulaient plus avoir d'autre maître d'eux-mêmes que leur propre conscience.

Après l'estime individuelle, la mission collective. Il arrive, en effet, que certains peuples, certaines sociétés, estiment avoir une mission universelle. Depuis la Déclaration d'indépendance de 1776 pour les Américains, depuis la Déclaration des droits de l'homme pour les Français, ces deux peuples estiment avoir la même mission de répandre la démocratie. « Mon nom sous le soleil est France. Je reviendrai dans la clarté, J'apporterai la délivrance, J'amènerai la liberté », écrit Victor Hugo. Aussi les Français se tenaient-ils pour le premier peuple du monde.

Or il se trouve qu'à partir des années 451, dans l'Empire byzantin, une querelle théologique sur la nature double ou simple du Christ, cet homme-dieu, aboutit à un véritable séparatisme entre l'Égypte byzantine et le reste de l'Empire. Comment une querelle aussi creuse et byzantine a-t-elle pu aboutir à d'aussi graves conséquences, se sont demandé les marxistes ? Pour Trotski, cette querelle du monophysisme ne pouvait être que la couverture idéologique d'une lutte des classes ; pour les marxistes nationalistes ou anticolonialistes des années 1950, elle couvrait idéologiquement le nationalisme égyptien. Je crois que l'habile Jean-Marie Carrié a trouvé la bonne solution : en ces siècles lointains où la religion et le clergé importaient davantage que la démocratie ou la nation, dont on n'avait pas encore entendu parler, l'Égypte byzantine s'est entêtée dans son monophysisme, non pas par quelque nationalisme : mais parce qu'elle était fière de sa mission, qui était de maintenir la théologie christologique qui était la seule vraie et que le reste du monde devrait adopter pour son salut.

Un autre exemple est celui de l'islam, qui se considère comme la dernière et la plus aboutie des religions du Livre ; le monde arabo-musulman est le dépositaire de la plus parfaite des religions révélées. Voilà donc deux religions, islam et christianisme, auxquelles s'identifie ou s'identifiait une collectivité, la communauté des croyants pour la première, la chrétienté pour la seconde. Mais, même en ce cas, gardons-nous des idées générales. Toute religion se considère comme vraie, mais toutes ne sont pas ambitieuses ; le christianisme et l'islam le sont, mais de façon différentes : la première est missionnaire et pastorale, la seconde est ou plutôt se rêve conquérante. C'est une chose que de vouloir convertir au christianisme, en bon pasteur, les âmes une par une, pour leur salut, c'en est une toute autre que de rêver de faire régner partout, par la conquête, la vraie religion, sans chercher à convertir les chrétiens ni les Juifs, car on se soucie peu de sauver leurs âmes.

Mais alors, objectera-t-on peut-être, pourquoi se refuser à parler ici d'idéologie ? Christianisme et chrétienté, Islam et communauté arabo-musulmane se recouvrent, passion religieuse et passion politique ne font qu'un. Précisément, elles ne font qu'un et c'est pour cela que le mot d'idéologie n'est pas le bon. Les idéologies sont censées être des couvertures mensongères, alors que leur sincérité est totale ; nous ne parlerons donc pas d'idéologie, mais, avec le sociologue Jean-Claude Passeron, de mélanges, de mixtes. Un petit exemple de ces mixtes suffira : le nu artistique, lequel, quoi que dise vertueusement Kant, n'est pas chaste : il est indissolublement artistique et érotique.

À travers les siècles, la plupart des grands mouvements qui ont secoué l'humanité, par exemple les Croisades, ont été des mixtes indiscernables de sentiments, d'idées et d'intérêts où se mêlaient l'idéalisme et le sordide. Bien entendu, le dosage entre religion, cupidité, goût de l'aventure, etc., variait d'un croisé à l'autre ; mais, comme la société est plus que la somme des individus, vu que chacun tient compte des autres, tous adoptent un même langage et une même discipline. Tout mouvement, tout parti réunit des individus qui gomment leurs raisons différentes d'y adhérer.

Finissons sur un cas où les rapports entre la religion et la politique sont allés jusqu'à l'utopie et ont été cependant on ne peut plus réels. En l'année 313, l'empereur Constantin mit fin à la persécution du christianisme, se convertit, fit de cette religion celle du trône impérial et marqua par là le début de la christianisation de l'Occident. Quels ont été les motifs de Constantin ? D'abord, ceux d'un converti sincère, tous les historiens, croyants ou incroyants, en conviennent. Or un César avait un pouvoir arbitraire, pouvait décider ce qui lui plaisait. Il pouvait proposer à ses sujets le culte de son mignon Antinoos, ou encore avoir à titre personnel un dieu favori, un dieu d'élection, et lui élever un temple et un autel.

Ensuite, depuis un bon siècle, le christianisme, bien que minoritaire (peut-être cinq ou dix pour cent de la population) faisait du bruit comme mille ; il était devenu le grand problème religieux et intellectuel à l'ordre du jour, sa supériorité culturelle sur le paganisme était patente, il représentait la modernité. Par conséquent, il n'était nullement indigne de devenir la religion du trône, dont la dignité et le faste exigeaient les attributs les plus prestigieux ; de même que chez nous il est digne de l'État et de son ministère de la culture de favoriser la création d'avant-garde.

Enfin et surtout, nous parlions en commençant de Lénine et de Trotski, qui étaient persuadés qu'en octobre 1917 ils venaient d'opérer le grand basculement de l'histoire depuis les débuts de l'humanité. Or Constantin a eu le même genre de conviction ; il appartient à la race des révolutionnaires, des voyants, des prophètes. Il n'est pas rarissime qu'un potentat, un penseur, un leader religieux ou révolutionnaire se croie appelé à changer le cours de l'histoire universelle. Dans un article à paraître dans la *Revue Historique*, j'essaie de montrer, d'après un texte négligé de Gélase de Césarée, que Constantin a publiquement déclaré en 325, à tous les évêques réunis en concile à Nicée, qu'il était la créature humaine qui avait joué le plus grand rôle dans l'histoire depuis Adam et Ève.

Pour Lénine et Trotski, la société de classes, qui a régné jusqu'à présent, était dialectiquement condamnée d'avance ; restait à établir effectivement le communisme. Constantin, lui, a déclaré aux évêques assemblés que les démons régnaient sur l'humanité depuis le péché d'Adam ; que leur toute-puissance était mystiquement condamnée depuis la Résurrection; mais qu'il restait à établir effectivement le règne du Christ, ce que Constantin estimait avoir fait. Oui, la christianisation a été une décision personnelle, convaincue, désintéressée, mégalomane si l'on veut.

On peut évoquer le parallèle de l'empereur indien Asoka, converti au bouddhisme avec toute sa famille, favorisant les missionnaires, recommandant en ses édits l'observation de la compassion, y confessant ses remords d'avoir fait des guerres et réunissant à Pataliputra un grand concile bouddhique, cinq siècles avant que Constantin réunisse à Nicée le premier grand concile chrétien. L'histoire universelle est plus bariolée, ou trop souvent plus tragique, que ne le supposent les esprits sérieux.

Soit, dira-t-on peut-être, la conviction religieuse de Constantin, la dignité du trône... mais, pour un esprit vraiment scientifique, une politique religieuse doit recouvrir des mobiles plus profonds ; la vraie raison de la christianisation n'est-elle pas plutôt l'idéologie ? Le monarchie n'appelait-elle pas tout naturellement le monothéisme comme doublure idéologique ? Cette religion monothéiste, moralisatrice et universaliste n'est-elle pas le décalque de la monarchie impériale romaine ? Car enfin, il faut bien qu'on décalque ! Lorsqu'on parle de Constantin avec des personnes cultivées, c'est parfois l'objection qu'on s'entend opposer.

Revenons à la réalité, où religion et politique font deux : dans le domaine politique, les chrétiens, comme les païens, respectaient l'empereur unique parce qu'il était l'empereur et non pas parce qu'il était unique ; ils le respectaient par patriotisme, par loyauté ; ils ne le respectaient pas parce qu'ils respectaient un Dieu unique dans le domaine religieux. Et, dans le domaine moral, ils respectaient la morale de leur temps, comme faisaient les païens et comme on a toujours fait à toute époque, sans avoir besoin d'un décalque pour cela ; sinon l'histoire universelle serait différente de ce qu'elle est.

Les rapports entre l'Empire et l'Église n'ont rien eu d'idéologique. Quand l'évêque Eusèbe de Césarée, dans un panégyrique de Constantin, le loue d'être un prince chrétien, c'est pour lui faire un devoir de l'être ; il lui trace un programme de gouvernement. Bref, ce n'était pas l'empereur qui politisait la religion et se servait d'elle, alors qu'il n'en avait politiquement que faire, c'était la religion qui se servait de l'empereur, dont elle avait pratiquement besoin. Tout en se gardant bien de lui reconnaître un pouvoir sur l'Église, comme l'a montré Gilbert Dagron. L'autel s'appuyait sur le trône, et non l'inverse, et le Sacerdoce sera quelquefois le rival de l'Empire, comme on sait.

Et puis, quel besoin d'une idéologie ? À quoi bon tant de soins superflus ? Rien n'est plus banal que l'obéissance des peuples, que leur respect de l'ordre établi, quelle que soit la rationalisation qu'on leur en donne. Les foules païennes, chrétiennes ou musulmanes vénéraient spontanément l'empereur, le *basileus* ou le sultan (tout en le maudissant *in petto* à cause des impôts) ; elles n'avaient pas besoin que la monarchie fût décalquée ou légitimée par une doctrine, car tout sujet loyal respecte spontanément son souverain et éprouve pour lui une crainte révérencielle (elle existe encore çà et là dans le peuple ; « un roi si bon ! », ai-je entendu de mes oreilles, à propos de Hassan II). Mais le sentiment monarchique n'était pas de la religion et n'en provenait pas ; ce n'était pas non plus une idéologie inculquée, mais un affect induit par l'ordre établi lui-même, un amour né de la dépendance.

La légitimation religieuse d'un roi par la grâce de Dieu a l'avantage d'être la plus solennelle, mais rien de plus. Le respect n'en pouvait pas moins se perdre, on pouvait être bon chrétien et vomir le mauvais prince régnant, tout chrétien qu'il fût, ou sa Jézabel impie. La sacralisation n'a pas été la parole décisive qui soudait les rapports entre gouvernants et gouvernés. Quand un empereur chrétien (Gratien, en l'occurrence) proclamait que Dieu même lui avait inspiré de nommer Ausone consul, c'était là de la phraséologie dans la bouche du locuteur et de la langue de bois aux oreilles des auditeurs, qui ne respectaient cette phraséologie que s'ils respectaient le souverain : elle ne le faisait pas respecter.

Toutefois, il manquerait quelque chose à l'ordre établi si, à travers des phrases élevées et à tenir pour véridiques, il ne rappelait à tous qu'il parle comme étant le pouvoir. Ce n'est pas de la propagande ou de la communication, c'est de la pragmatique linguistique, où le locuteur s'impose, non à travers le contenu « idéologique » de son message (chrétien, marxiste, démocratique...), mais par la position dissymétrique et supérieure qu'il prend devant ses auditeurs ; l'omniprésence du message rend sensible l'omniprésence du pouvoir locuteur. Dans les défuntes démocraties populaires, les haut-parleurs qui, dans les rues des villes, diffusaient sans cesse des messages gouvernementaux auraient été bien en peine de faire de la propagande ou du bourrage de crâne, ils montraient « pragmatiquement » que le pouvoir occupait l'espace public et racontait ce qu'il voulait.

En outre ce pouvoir devait répondre à une attente des gouvernés : quand un homme est en relation avec d'autres hommes par le pouvoir qu'il exerce sur eux, il faut qu'il parle, qu'il dise quelque chose ; ne pas s'expliquer, laisser planer un silence glacial entre gouvernant et gouvernés, ignorer ceux-ci serait la plus insupportable des pragmatiques.

La notion d'idéologie, elle, ignore la pragmatique et repose sur une illusion intellectualiste bimillénaire, selon laquelle l'attitude des gens résulte du contenu du message, est due aux idées qu'ils ont ou qu'on leur souffle, car nos conduites résultent, croit-on, de nos représentations. Elle implique une seconde illusion, selon laquelle la réalité sociale n'est composée que d'un petit nombre d'éléments : il y a le pouvoir, il y a les masses. Celles-ci et celui-là n'étant pas toujours-déjà tissés ensemble, il faut faire obéir les masses en les faisant croire à certaines idées. Si le monde est aussi simple, dans quelle case ranger le christianisme ? Dans celle des idées qui font obéir : il n'y a pas d'autre case. Mais en réalité l'obéissance et le sentiment monarchique ne naissent pas des idées, elles sont inculqués tacitement par la socialisation, le milieu, l'habitus si vous voulez. D'où, chez nous, l'inefficacité constatée de l'éducation civique scolaire, comme dit Jean-Marie Schaeffer : l'imprégnation silencieuse par l'environnement est seule efficace. L'intellectualisme empêche d'apercevoir cette épaisseur obscure de la socialisation.

Mais, au fait, s'agit-il réellement de socialiser les gouvernés ? Le vrai but d'une idéologie ou phraséologie n'est pas de convaincre et de faire obéir, mais plutôt de faire plaisir, en donnant aux gens une bonne opinion d'eux-mêmes ; les dominants peuvent se dire justifiés d'être supérieurs et les dominés s'entendent dire qu'ils n'ont pas tort d'obéir. Ce plaisir de la légitimation est vif, il ne suffit pas d'être riche et puissant ou de ne l'être pas, on aime encore, dans les deux cas, qu'il y ait une juste raison à cela. Or avoir raison est un plaisir et un plaisir n'est ni vrai ni faux ; c'est pourquoi une phraséologie légitimante est si aisément reçue et a si peu d'effets profonds. Ce qu'on appelle idéologie est un peu d'huile dans les rouages, ce n'est pas la grande explication, le message qui soumet, mais seulement un plaisir, une pragmatique qui lénifie des peuples soumis par ailleurs.

À Blois, 14 octobre 2005

Colonisation et religions

Débat animé par Jean-Pierre CHRÉTIEN

JEAN-PIERRE CHRÉTIEN : Il y a une tendance à faire du missionnaire le fourrier de la conquête coloniale, alors que les choses sont sans doute plus compliquées. De plus les peuples colonisés ne sont pas des « pâtes à modeler », ils ont aussi des initiatives qui leurs sont propres, nous auront l'occasion d'y revenir.

Nous nous référerons beaucoup à l'Inde britannique et en Afrique sub-saharienne aux domaines coloniaux britannique, français et belge. Nous suivrons un ordre chronologique en commençant par la phase de conquête, d'implantation, de contrôle, d'assujettissement qui irait jusqu'aux années 1920, puis la gestion coloniale elle-même entre les années 1930 et 1950 et enfin nous traiterons brièvement de la décolonisation.

Voyons donc le premier moment : la conquête coloniale. J'aurais tendance à me demander en pensant aux anciennes colonisations, celles des Ibériques des XVIe et XVIIe siècles, si elles représentent une sorte de nouvelle Croisade ? Est-ce au nom du Christianisme, catholique ou protestant, que cette expansion s'est réalisée ? Puis, dans les premières décennies de la conquête, comment se fait la confrontation avec les autres religions rencontrées, une religion à prétention universelle comme l'Islam et les autres religions vécues par les sociétés africaines ou indiennes.

CLAUDE PRUDHOMME : La question est justement de savoir si la mission est une nouvelle croisade au XIXe siècle. Ce n'est pas le point de vue des missionnaires et des Églises qui insistent sur le caractère pacifique de leur projet. L'idée de mission s'est même imposée historiquement contre celle de croisade : il ne s'agit ni de conquérir des territoires, ni de coloniser mais d'aller sauver les âmes des païens par une démarche fondamentalement religieuse. La réactivation du mot de croisade dans les années 1870 est réelle mais son usage est réservé à des entreprises particulières (croisade antiesclavagiste). À observer le comportement sur le terrain et à lire la correspondance missionnaire, il apparaît clairement que dans une première phase la mission, catholique ou protestante, rêve de se développer de manière indépendante, sans être subordonnée à un objectif colonial. Son but est de construire des sociétés chrétiennes sous l'autorité des missionnaires. Mais progressivement ces derniers découvrent les inconvénients de l'indépendance et les avantages de la colonisation. Un colonisateur c'est aussi un protecteur qui garantit la liberté religieuse par la force armée et c'est la possibilité de subventions pour les œuvres. Il est difficile de refuser longtemps de telles perspectives. L'alliance se fera donc naturellement dans la plupart des cas.

Jean-Pierre Chrétien : Cela étant, il y a donc des stratégies différentes selon les régions du monde concernées et selon les puissances qui s'intéressent à telle ou telle partie de l'Afrique ou de l'Extrême-Orient. Peut-être pourrait-on distinguer de ce point de vue entre les exemples britannique, belge et français.

Henri Médard : Il faut faire attention : chaque région a sa propre dynamique. Si on prend l'exemple de l'Afrique orientale, on a d'abord un engagement qui est humanitaire, c'est-à-dire contre la traite des esclaves. Il va amener à une pénétration des missionnaires avant celle, politique, de l'État anglais et il va entraîner des conversions, des troubles. C'est face à ces troubles qui sont d'ordre religieux entre plusieurs convertis que les Anglais vont devoir intervenir en venant de régions toujours musulmanes. Tout est toujours brouillé. On a un officier britannique avec des soldats musulmans qui se trouvent face à des troubles où des missionnaires catholiques et protestants sont impliqués. On va appeler l'administration britannique - ou une autre - à intervenir pour rétablir l'ordre, mais aussi pour réagir à une politisation de la religion qui se développe localement. Ce sont souvent les convertis qui vont radicaliser les positions religieuses. Dans certaines régions, une fois entré dans ce conflit, il peut se prolonger durant toute la période coloniale ; dans d'autres, lorsque les logiques locales n'ont pas politisé la religion, le jeu politique est plus conforme à celui habituelle en Europe.

Jean-Pierre Chrétien : Le cas ougandais est spécial. Il faut se rappeler que l'Ouganda a des « saints » et des « bienheureux » très tôt dans le monde catholique africain. On y observe dès le départ les acteurs africains de la conversion. Par ailleurs l'Afrique belge offre un autre cas d'école en ce qui concerne le pouvoir métropolitain et l'Église

Léon Saur : Effectivement, l'Afrique belge constitue un cas tout à fait particulier. Je pense qu'il faut commencer par rappeler que la Belgique est la métropole d'une seule colonie : le Congo sera l'affaire des Belges, comme affaire coloniale bien sûr, mais aussi comme partie intégrante du destin national. Que l'on soit libre-penseur ou catholique, il y aura longtemps un consensus en Belgique sur le sujet colonial. Au début du XXe siècle, il est évident pour les Belges que la seule façon « d'éduquer les sauvages » que l'on rencontre en Afrique centrale est de les évangéliser sous la férule de l'Église catholique, société hiérarchisée par excellence. C'est dans ce cadre-là que les Belges - quelles que soient leurs convictions personnelles - vont miser sur l'Église et les missions catholiques. Puisque la colonisation du Congo est une œuvre « nationale », les autorités belges vont jouer la carte de la mission « nationale », c'est-à-dire que la Belgique va privilégier l'installation au Congo de congrégations belges, souvent créées pour la circonstance. Les premières missions protestantes (pour l'essentiel britanniques) qui se trouvaient sur place à la fin du XIXe siècle vont être d'une certaine façon marginalisées, en tous cas sévèrement contrôlées. Pour ce faire et soutenir les missions belges, essentiellement catholiques (Contre-Réforme oblige !), le pouvoir belge va user d'une astuce : il imposera notamment aux missions financièrement soutenues par l'autorité coloniale d'enseigner la langue française aux populations locales. Ainsi seront mis hors-jeu tous ceux qui ne sont pas francophones. Ce « truc » permettra de priver les missions britanniques protestantes de l'aide des fonds publics sans pour autant les interdire de séjour au Congo. Le terrain sera donc dégagé pour les missions catholiques belges et l'œuvre nationale.

JEAN-PIERRE CHRÉTIEN : Cela étant, les colonisateurs chrétiens se trouvent confrontés à ces sociétés qu'il faut contrôler, amadouer, dominer et prendre en mains, donc des sociétés qui ont aussi leurs religions. À ce moment-là, quel est l'adversaire ? L'islam qui apparaît comme l'ennemi ou en Inde l'hindouisme ? Est-ce que les religions anciennes de l'Afrique font partie des obstacles ? D'abord l'islam, que représente-t-il pour les colonisateurs en Afrique au départ ?

JEAN-LOUIS TRIAUD : Entre les Français et les Britanniques il y a une différence d'approche assez fondamentale qui tient sans doute à des cultures religieuses et politiques différentes. Les Français ont l'expérience de l'islam à travers la conquête de l'Algérie, conquête longue et difficile, et ils en ont conçu une grande méfiance de l'islam en considérant que l'islam était le chef d'orchestre de tous les complots. Ils ont, en particulier, investi certaines confréries musulmanes de ce rôle. Il y a donc là un imaginaire colonial extrêmement puissant, faisant de l'islam, le grand adversaire. En fait, l'islam est divisé, morcelé, il n'a pas l'homogénéité que la colonisation française lui prête, mais il en restera cette grande fascination - avec le double aspect de grande peur mêlée d'une certaine admiration pour cet adversaire. Cette représentation de l'islam va suivre les Français jusqu'au sud du Sahara. Les Britanniques, eux, ont fait l'expérience de l'islam en Inde. C'est l'Inde qui est le grand laboratoire. Leur attitude est différente. Alors que, très tôt, les Français, au sud du Sahara, cherchent à administrer directement, non sans concessions aux hiérarchies en place, les Britanniques privilégient les relais indigènes et ont une politique des sultans musulmans en Inde qu'ils vont alimenter et transposer ensuite en Afrique. Lord Lugard, grand artisan et théoricien de l'administration indirecte britannique, a fait l'expérience successive de l'Inde, de l'Afrique orientale et occidentale, et il illustre cette continuité. On peut dire que les Britanniques, sans être angéliques en la matière, n'ont pas cette hantise de l'islam que cultivent périodiquement les Français et ils seront beaucoup plus pragmatiques.

JEAN-PIERRE CHRÉTIEN : Et en Inde, qui vient d'être évoquée comme l'arrière-plan incontournable de l'Empire Britannique, quelle est la situation face à l'Hindouisme ?

JACQUES WEBER : En Inde, l'évangélisation a précédé la colonisation. Des missionnaires jésuites, des prêtres de la Société des Missions étrangères de Paris, des capucins, évangélisent l'Inde dès les XVIe et XVIIe siècles. La colonisation commence en 1757 avec la conquête du Bengale par les Britanniques. Les missionnaires ont alors une expérience de l'Inde et de ses grandes religions, l'hindouisme qui représente environ 75% de la population, et l'islam qui est la deuxième religion du sous-continent. Les missionnaires, comme les marchands européens qui fréquentent les côtes de l'Inde, ont très vite appris que ces populations pacifiques, douces et soumises au joug étranger, peuvent devenir redoutables à la moindre ingérence dans leurs affaires religieuses. Les hindous accueillent volontiers les cultes des Européens, car les voies qui conduisent à la divinité, à la Vérité sont multiples, mais ils ne tolèrent pas leur prosélytisme. Les Britanniques, devenus maîtres du Bengale puis progressivement d'une grande partie du sous-continent, sont convaincus que les activités apostoliques des missionnaires provoqueraient des conflits avec les Indiens, lesquels entraveraient les opérations commerciales. Afin de ménager les susceptibilités des hindous et des musulmans ils s'opposent à toute présence missionnaire en Inde. Jusqu'en 1813, les missionnaires sont pratiquement interdits qu'ils soient protestants ou catholiques. Les baptistes par exemple doivent s'établir dans des comptoirs danois, comme Serampour, au nord de Calcutta, ou Tranquebar dans le sud de l'Inde. Ce n'est qu'à partir de 1813, à l'occasion de la révision de sa Charte, que, sous la pression des milieux religieux en Angleterre même, la Compagnie des Indes est invitée à permettre l'action apostolique des missionnaires dans toute la péninsule indienne. À partir de là se développe un mouvement d'évangélisation qui est mal perçu par les hindous et par les musulmans et qui provoquera - mais ce n'est pas la seule cause - la révolte des Cipayes de 1857, qui est une réaction indienne, hindoue et musulmane, à la pénétration évangélique européenne.

JEAN-PIERRE CHRÉTIEN : Vous venez de rappeler l'existence d'un lobby missionnaire qui joue un rôle important au milieu du XIXe siècle. On pense également pour l'Afrique à toutes ces campagnes contre l'esclavage et autour d'un slogan assez significatif qui associe « christianisme, commerce et civilisation ».

JACQUES WEBER : C'est incontestable. Un lobby apparaît notamment à Londres et une fois sur place les missionnaires agissent mais ils se heurtent à des résistances farouches.

JEAN-PIERRE CHRÉTIEN : Pour les païens - j'utilise volontairement un vocabulaire chrétien - c'est-à-dire tous ceux qui adhèrent à des religions, très variées, qui sont soit des rituels du terroir, soit des cultes des ancêtres, soit des cultes initiatiques, mais aussi des religions politiques, de toute façon la notion de religion n'est jamais séparée de la gestion de la société et du pouvoir. Les colonisateurs se trouvent face soit à des pouvoirs éclatés, ceux qui leur donnent le plus de fil à retordre, soit à des pouvoirs monarchiques qui sont des royautés sacrées. Que faire dans ce cas ? On retrouve la même ambiguïté qu'à propos de l'islam : un mélange de peur, d'inquiétude, car ce sont des pouvoirs assez puissants, et aussi de fascination. Quelle est la position des missionnaires face à ces royaumes ?

HENRI MÉDARD : Il y a une fascination qui est évidente chez tous les Européens, et pas seulement chez les missionnaires, lorsqu'ils ont en face d'eux des rois. Cette relation est particulière dans le sens où un certain nombre de rites, notamment les sacrifices humains, ne leur plaisent pas. Leur problème est de convertir le sommet, donc le roi. En le convertissant, on détruit sa sacralité et cela pose un problème important. Il y a donc une contradiction difficile à résoudre et qui ne sera résolue que pendant la colonisation. Par exemple en Ouganda, les rois vont être obligés de devenir protestants. À la veille de la conquête européenne, la conversion des Baganda provoque l'effondrement de la société et enclenche un processus de guerres civiles qui deviennent des guerres de religions. Une fois que le cadre colonial est là, on peut convertir le roi et maintenir, grâce à la puissance coloniale, suffisamment d'ordre pour que la société n'explose pas.

JEAN-PIERRE CHRÉTIEN : Mais alors, Claude Prudhomme, au départ le projet missionnaire n'est pas spécifiquement colonial ? Il a un projet politique propre ?

CLAUDE PRUDHOMME : Son projet initial est de convertir les païens et d'édifier des Églises indigènes. Mais cela ne règle pas la question politique de la colonisation qui s'impose dans la majorité des pays de mission. Or on est étonné de l'absence d'un véritable débat dans les Églises. Ce quasi silence est particulièrement visible dans le catholicisme dont la doctrine a, pour l'historien, l'avantage d'être exposée à Rome, ce qui la rend plus facile à identifier. Si on regarde la série des encycliques publiées par les papes au XIXe et XXe siècles, on constate qu'elles traitent de tout, ou presque, mais pas de la colonisation. Certes quelques textes y font allusion, pour souligner que la colonisation est une opportunité à saisir, mais il n'y a pas de prise de position officielle. La question de la légitimité de la colonisation comme domination étrangère n'est pas posée. La colonisation est censée aller dans le sens de l'histoire du salut. Elle est une étape dans la christianisation de l'humanité. La colonisation est une opportunité quasiment providentielle qu'il faut saisir pour accélérer le déroulement de l'histoire.

JEAN-PIERRE CHRÉTIEN : Dans les années 1930-1950, les régimes coloniaux sont en place, les systèmes d'exploitation, les système de mise en valeur, d'administration, l'encadrement des populations, et parallèlement à ce moment là les politiques missionnaires, mais aussi les politiques des confréries musulmanes, les politiques « païennes ». Nous allons maintenant saisir la multiplicité des stratégies dans cette « situation coloniale » à son apogée. Stratégies tant des colonisateurs que des colonisés. Il y a des ruses, des résistances, des récupérations en milieu africain, indien etc. en rapport avec cette nouvelle domination.

Voyons d'abord le cas indien.

JACQUES WEBER : On peut d'abord parler de la stratégie des responsables de la Compagnie britannique des Indes orientales (*East India Company*), qui ont dû, sous la pression des milieux religieux du Parlement de Londres, accepter l'action des missionnaires à partir de

1813. Puisque les missionnaires protestants et catholiques peuvent désormais évangéliser librement les populations indiennes, autant tirer un profit des compétences qui leur sont largement reconnues, dans les domaines de l'enseignement et de la santé notamment. Très vite, les missionnaires deviennent des auxiliaires de la colonisation, dans les immensités de l'Inde britannique comme dans les comptoirs lilliputiens que possède la France. Leur rôle, dans les écoles et universités, prend de l'importance à partir de 1835, date à laquelle, les « anglicistes » l'ayant emporté sur les « orientalistes », il est décidé que tout enseignement sera dispensé en anglais afin de produire une élite anglicisée, apte à seconder les cadres de l'administration britannique. Des congrégations missionnaires françaises, comme la Société des Missions étrangères de Paris, ouvrent des écoles dispensant un enseignement en anglais et subventionnées par le gouvernement britannique. Les missionnaires sont bien au service d'une stratégie politique britannique. Évidemment, ils développent aussi une stratégie missionnaire en fonction de la civilisation avec laquelle ils se trouvent confrontés.

JEAN-PIERRE CHRÉTIEN : Ces missions chrétiennes sont minoritaires face au monde indien que les Britanniques sont censés gérer globalement.

JACQUES WEBER : Effectivement, les chrétiens ne représentent qu'environ 1 à 2% de la population indienne. Aujourd'hui, on compte certes 24 millions de chrétiens, mais sur un milliard d'habitants, soit 2,4% à peine de la population indienne. Le christianisme a échoué en Inde parce qu'il s'est heurté à une civilisation sûre d'elle, l'une des plus anciennes de l'humanité, l'hindouisme. Tout à la fois, religion, organisation de la société, « way of life », comme on l'a dit, l'hindouisme est certainement la civilisation la plus conservatrice qui soit. Elle oppose son profond respect du passé, de l'héritage transmis de génération en génération et de la Tradition aux innovations et à tout ce qui vient de l'étranger : il y a là une explication essentielle de l'échec, du « krach » de la religion chrétienne en Inde. Par ailleurs, contrairement à ce que l'on pense communément, le christianisme n'apportait rien de fondamentalement nouveau aux hindous et ne pouvait apparaître aux plus instruits que comme une voie parmi d'autres, conduisant à l'Absolu, à la conscience de l'identité de l'âme individuelle avec l'Âme universelle. L'hindouisme est aussi un monothéisme, et pas uniquement un polythéisme, un « paganisme », une « idolâtrie », comme le prétendaient les missionnaires. Il était donc difficile de subjuguer un peuple, qui, pendant tant de siècles, a été obsédé par la quête de la Délivrance.

JEAN-PIERRE CHRÉTIEN : Et dans son rapport à l'oppression coloniale ? Reste-t-il replié comme un hérisson ?

JACQUES WEBER : Dans le domaine religieux, n'y a pas d'oppression coloniale : ce sont les missionnaires, comme d'ailleurs, dans une certaine mesure, les administrateurs britanniques et français, qui sont « opprimés » par la force de l'hindouisme. Les missionnaires catholiques doivent s'adapter à l'hindouisme. Ils ne parviennent à convertir qu'en échange de très importantes concessions à cette puissante civilisation. Ils doivent tolérer les rites Malabars : un hindou ne se convertit au catholicisme qu'à condition de conserver les rites de l'hindouisme. Parmi ces rites pratiqués au XIXe siècle, les mariages d'enfants, l'exclusion des femmes des sacrements au moment de leur « impureté » mensuelle, le port par les femmes d'un collier, le *tâly*, portant l'effigie de divinités hindoues, comme Ganesh, le dieu à tête d'éléphant, etc. Pour les prêtres, l'interdiction de manger de la viande, et notamment de la viande de bœuf, ou l'obligation de se purifier avant un office. Je pourrais multiplier les exemples de rites condamnés par Rome mais toujours pratiqués. Surtout, les missionnaires, et notamment les catholiques, ont dû tolérer l'intrusion de la caste dans les églises. À Pondichéry, dans la première moitié du XXe siècle, des murs séparaient encore, dans la cathédrale, les catholiques de caste, qui seuls pouvaient prendre place dans la nef, et les catholiques intouchables qui étaient de l'autre côté du mur, dans les bas-côtés, loin de la vue des brahmanes et des hautes castes hindoues. Il y a bien là une hindouisation du culte catholique et, dans une certaine mesure, du culte protestant en Inde. Pour convertir, il a fallu capituler devant l'hindouisme et accepter cette intrusion massive de l'hindouisme dans les églises.

Jean-Pierre Chrétien : L'islam est également présent en Inde et en Afrique. Certainement moins ancien que l'hindouisme, mais présent cependant, alors se replie-t-il aussi ? Se sent-il opprimé ? Quelles sont les stratégies musulmanes en Afrique ?

Jean-Louis Triaud : Nous n'avons pas en Afrique, notamment en Afrique de l'Ouest que je connais mieux, la même situation que l'hindouisme. En d'autres termes, les Églises catholiques et protestantes en Afrique ne sont pas du tout obligées de faire les concessions du genre de celles que nous avons vues en Inde. Les paysages sont complètement différents. En ce qui concerne l'islam, il y a face à face la puissance coloniale et les leaders religieux musulmans et il y a même à un certain moment, et en certains lieux un jeu à trois, les missions chrétiennes, l'islam et l'administration coloniale. Chacun d'entre eux a des intérêts qui font qu'il peut y avoir conjoncturellement des alliances de deux contre le troisième et que celles-ci peuvent être mobiles.

Il y a une grande oscillation dans l'attitude des Français à l'égard de l'islam. À l'origine, c'est une grande peur, en particulier, du pan-islamisme, c'est-à-dire cette politique que l'on prête à l'Empire Ottoman de réunir tous les musulmans sous sa direction. Lorsque, pendant la Première Guerre mondiale, les soldats musulmans se montrent particulièrement loyaux, cette peur disparaît. Ce qui l'emporte alors, c'est une politique de coopération avec les élites religieuses musulmanes. Elle trouve son expression la plus forte dans les confréries musulmanes sénégalaises. Leur naissance relativement récente est une réponse d'une partie des sociétés sénégalaises à la situation coloniale. Elles offrent un cadre de convivialité, de sécurité à leurs fidèles et, en même temps, au sommet, elles négocient avec l'administration coloniale. Passé le premier temps de tension - on a déporté le fondateur des Mourides au Gabon - on négocie et on arrive à un grand compromis. C'est ce qu'on nous avons appelé, dans un livre avec David Robinson, le *Temps des Marabouts*, ces grands marabouts comme les nommaient les Français, dont ils ont fait leurs interlocuteurs privilégiés, dans le cadre d'une sorte de politique concordataire à la napoléonienne, sans le nom. On a ainsi des interlocuteurs qui maintiennent l'ordre dans leurs communautés. Voilà ce qui s'est passé du côté des Français.

Du côté des Britanniques, où il y a un gros morceau de territoire musulman, notamment celui du Nigeria du Nord, où se trouvait un califat islamique qui était né au début du XIXe siècle, les Britanniques, après le moment de la conquête, après avoir brisé, comme les Français, toute résistance armée, ont engagé aussi une politique de coopération. Je voudrais dire, au passage, que les résistances à la colonisation en Afrique sub-saharienne n'ont pas été forcément islamiques. Il y a eu des résistances islamiques, mais aussi beaucoup d'autres non-islamiques. Il faut donc se débarrasser de cette idée simple faisant de l'islam l'unique facteur de résistance. Pour revenir aux Britanniques, ils ont constitué, dans le Nord du Nigeria, ce qu'un collègue britannique a appelé un « califat colonial », ce qui veut dire qu'on a remis aux Emirs le pouvoir d'administration directe et de juridiction. Seules les sanctions majeures, telle la peine de mort, ou les cas graves, remontaient à l'administration britannique, mais, pour le reste, les juridictions étaient exercées par les émirs et leurs cours de justice. Au Nigeria du nord, les écoles musulmanes ont été préservées et les missions chrétiennes ont été interdites de séjour.

Voilà comment, chacun de leur côté, et avec leur propre modèle, Français et Britanniques ont pratiqué des politiques musulmanes à la fois fluctuantes et relevant d'une certaine logique. La différence, du côté français, c'est que ceux-ci n'ont, en aucune manière, remis une délégation de la puissance publique à des organisations musulmanes ou à des institutions islamiques, ce que les Anglais ont fait avec plus de facilité, notamment au Nigeria du Nord.

Jean-Pierre Chrétien : Mais il y a aussi un jeu à trois : les maître coloniaux chrétiens, les musulmans et ceux qui adhèrent toujours aux anciennes religions africaines. De ce point de vue, n'y a t-t-il pas des situations où ce sont « les païens » qui font peur ou qui semblent difficiles à gérer ? Et dans ce cas-là, le musulman devient l'auxiliaire idéal. Peut-être pas en Ouganda qui est très chrétien, mais dans d'autres parties de l'Afrique orientale ?

Henri Médard : La pénétration des Européens en Afrique orientale venant de la côte, leurs auxiliaires sont musulmans. Parfois même sans que les administrateurs s'en rendent compte, ils ont des musulmans dans leur entourage et ils paraissent très islamiques. La chose va changer une fois que la colonisation est installée. Comme on l'a précisé pour l'Inde, le pouvoir colonial veut faire des économies. Les missions chrétiennes veulent enseigner, sont prêtes à contrôler l'éducation et la santé. En revanche, les musulmans ne vont pas pouvoir jouer cette carte-là. Ils n'ont pas les infrastructures en métropole qui le leur permettent. Assez rapidement, l'essentiel des conversions va se faire à travers l'école. Les enfants seront scolarisés et convertis en même temps. Il ne faut pas voir cet aspect comme étant uniquement subi par les Africains. Les enfants sont pris et scolarisés de force - cela est arrivé - mais les Africains vont aussi utiliser les missions pour comprendre ce pouvoir qui est étranger. Les missions servent non seulement à créer une passerelle entre les deux mondes, mais elles servent aussi d'intermédiaires. Les Africains vont instrumentaliser les missionnaires pour essayer de comprendre ce que voulait l'administration coloniale et essayer de défendre leur point de vue auprès de l'administration coloniale. On a donc là un jeu à trois qui est très important. Les personnes des autres religions, après avoir compris que, pour survivre dans ce nouveau jeu, il faut passer par les missions et la scolarité, vont se convertir en masse (sauf les musulmans) pour y avoir accès, quitte, lorsqu'elles n'arrivent pas à trouver de place dans ces missions, à créer leur propre mouvement religieux avec des écoles indépendantes.

JEAN-LOUIS TRIAUD : Pour rebondir sur la question de Jean-Pierre Chrétien, je voudrais ajouter que l'imaginaire colonial est très riche et se représente les sociétés africaines avec des grilles d'analyse évolutives et évolutionnistes. Celles-ci utilisent l'image d'une échelle de l'évolution de l'humanité. En bas de cette échelle, on trouve les « barbares » païens, et toute la question est de savoir où situer les musulmans sur cette même échelle. Les Français ont d'abord peur des musulmans, mais, lorsqu'ils s'aventurent dans des terres païennes, avec des sacrifices humains, des rites mystérieux, des pratiques qui paraissent éminemment barbares, ils se disent que, finalement, on connaît mieux les musulmans, qu'ils sont plus présentables et civilisés. La politique de coopération avec certaines élites musulmanes va aussi se fonder sur cette peur des païens, lesquels sont, en plus, très morcelés et dispersés. Ces « fétichistes », comme on les appelle alors, sont liés à des terroirs spécifiques. On a souvent du mal à identifier un chef qui aurait une autorité régionale importante sur eux. Les musulmans d'Afrique de l'Ouest vont profiter de cette perception négative des « fétichistes » et rentrer un peu en grâce, dans le regard colonial, pour ces raisons.

Jean-Pierre Chrétien : Il y a des moments, notamment dans l'Afrique des Grands lacs, dans les années 1890, où un esprit de Croisade règne, tant du côté de Léopold II que du côté britannique ou allemand. Puis rapidement ce sont les musulmans qui apparaissent comme les auxiliaires idéaux et comme un modèle même - cela apparaît dans les langues de la région - d'évolution. Mais ensuite, il y aura l'adhésion à la scolarité, le converti au christianisme étant par définition le « lecteur ». Cela étant, même dans le cadre chrétien, celui des missions, n'y a-t-il pas des contradictions et des projets multiples ? Le monde catholique lui-même est-il monolithique sur le terrain, lorsqu'on se situe dans la gestion coloniale ?

Léon Saur : Si l'on en tient au droit canon, la structure de l'Église est pyramidale, avec un chef au-dessus. Donc, l'ordre provenant d'en haut coule en quelque sorte en cascades successives jusqu'au dernier des « fidèles obéissants ». C'est la théorie. Dans la pratique, l'Église est un ensemble complexe, avec leaders et décideurs multiples. Elle présente des espaces importants de liberté. Entre autres, à l'époque coloniale, des rivalités et des divergences de vue sont visibles entre les congrégations missionnaires. Par exemple, jésuites et pères blancs n'ont pas la même conception de la place qu'il faut réserver aux coutumes et aux traditions locales dans la conversion des peuples. Les pères blancs ont plutôt une vision « eurocentrée » de l'universalisme chrétien et des valeurs de civilisation qu'il est supposé véhiculer, alors que les jésuites sont beaucoup plus respectueux des coutumes et des traditions qu'ils rencontrent. Cela peut se traduire localement en termes politiques. Dans le cas rwandais, l'élite locale, convertie au christianisme, va tenter de jouer les jésuites contre les pères blancs pour défendre et promouvoir ses propres intérêts. Dans le contexte colonial rwandais, les élites locales déploient donc leurs propres stratégies de pouvoir et de contre-pouvoir : stratégie de pouvoir vis-à-vis des opposants rwandais et stratégie de contre-pouvoir à l'égard de l'autorité coloniale. Contre celle-ci, le mwami et l'aristocratie vont jouer la carte jésuite au travers de l'action et de l'influence de l'abbé Alexis Kagame. Ordonné prêtre, celui-ci demanda rapidement à rejoindre la Compagnie de Jésus, car il s'y voyait entre autres plus à l'aise pour développer son propre rôle de conseiller du prince au service d'une stratégie d'autonomie et d'émancipation croissante d'un pouvoir monarchique indigène christianisé.

JEAN-PIERRE CHRÉTIEN : Claude Prudhomme sur ces différentes stratégies ?

CLAUDE PRUDHOMME : Ce que nous venons d'entendre souligne la complexité des situations, des discours, des actions et des réactions. La difficulté vient de ce que nos jugements sont encombrés de clichés, de discours et d'images de propagande, coloniale et missionnaire, qui célèbrent l'alliance des deux mouvements. Mais ces documents ne sont qu'un aspect de la réalité. L'intérêt pour nous, historiens, c'est d'aller voir ce que les gens ont réellement fait sur le terrain et ce qu'ils ont effectivement vécu et pensé, par exemple à travers leur correspondance. On découvre alors ce que nous venons de rappeler, à savoir que les situations sont beaucoup plus complexes, diverses, évolutives. La relation entre colonisation et mission est un jeu subtil entre des acteurs qui ont des logiques différentes. Elles se croisent, convergent, s'allient momentanément, puis divergent et finissent par s'opposer car elles se découvrent inconciliables. La colonisation vise à établir une domination extérieure. La mission ambitionne de mettre en place des Églises « indigènes » autosuffisantes.

JEAN-PIERRE CHRÉTIEN : Nous avons vu tout à l'heure qu'il y a très tôt des conversions en Ouganda, mais, encore plus intéressant, au fur et à mesure que le temps passe, on voit apparaître des convertis, des semi-convertis ou des non-convertis qui reprennent des éléments bibliques et qui lancent de nouvelles Églises, des courants syncrétiques.

LÉON SAUR : De fait, le Congo belge a notamment produit le kimbanguisme, la religion syncrétique la mieux connue dans l'ex-Afrique belge. Il est intéressant de noter que la mission a mis en route une mécanique qui lui a en partie échappé. Ce qu'un baptisé a pu retenir de son catéchuménat n'a pas toujours été ce qu'en attendaient le missionnaire ou le colonisateur. De l'enseignement religieux reçu, les élèves ont parfois tiré des conséquences non voulues par leurs maîtres. Quand des prophètes africains se sont levés en disant « nous sommes ce peuple hébreux qui est dans le désert », un peu comme les noirs américains d'ailleurs, cela s'est transformé en une formidable arme politique, même si le propos s'inscrivait à l'origine dans un discours religieux.

JEAN-PIERRE CHRÉTIEN : Dans le cas indien on peut parler de stratégie des missionnaires qui doivent se plier à l'hindouisme, nous l'avons vu, mais l'islam lui-même doit-il faire des concessions par rapport à l'hindouisme en Inde ? Y a-t-il des stratégies d'adaptation, pour déboucher finalement sur ce que nous connaissons, à savoir la partition.

JACQUES WEBER : Je ne suis pas un spécialiste de l'islam indien. Je sais qu'il a évolué sensiblement mais davantage sous des influences externes comme par exemple l'arrivée à la fin du XVIIIe siècle du Wahhabisme dans l'Inde. Tout une série d'écoles musulmanes réformistes apparaissent à ce moment-là.

JEAN-PIERRE CHRÉTIEN : Et au fond y a-t-il une politique britannique face à l'islam en Inde ?

JACQUES WEBER : Une politique se dessine nettement au début du XXe siècle. Pendant tout le XIXe siècle les Britanniques ont été prudents s'efforçant de pratiquer une politique d'équilibre entre les deux principales confessions. Ils redoutaient par dessus tout ce qu'on appelle en Inde le communalisme, - en français nous parlerions de communautarisme. Il suffit d'un rien, une procession hindoue bruyante devant une mosquée musulmane, le sacrifice d'une vache plutôt que d'un mouton, pour provoquer des flambées de violence. À partir du début du XXe siècle les Britanniques, contestés par le parti du Congrès, ont tendance à s'appuyer sur la minorité musulmane contre la majorité hindoue. Né en 1885, le Congrès est un parti extrêmement modéré dans ses revendications et qui préconise dans ce pays des religions qu'est l'Inde un régime politique laïc, « sécularisté » pour reprendre la terminologie utilisée en Inde. Pour les leaders du Congrès, le rôle de l'État est de protéger toutes les religions et de veiller à la liberté de tous les cultes. Bien que modéré, le Congrès irrite profondément les Britanniques par ses critiques et revendications. Pour affaiblir la contestation, qui est forte au Bengale, le vice-roi, Lord Curzon, ordonne en 1905 la partition de la province. Il crée deux Bengale : le Bengale occidental à majorité hindoue - c'est la région de Calcutta - et un Bengale oriental à majorité musulmane - l'actuel Bangladesh. Les Britanniques utilisent donc les clivages religieux et s'appuient sur la minorité musulmane contre la majorité hindoue. Cette partition provoque une scission à l'intérieur du Congrès et l'émergence d'une aile radicale, nationaliste et fondamentaliste hindoue, hostile aux musulmans et recourant au terrorisme contre les Britanniques. En réaction les musulmans se regroupent au sein d'un parti, qui existe encore au Pakistan aujourd'hui, la Ligue musulmane qui voit le jour en décembre 1906. À partir de là, va naître progressivement dans l'esprit de certains musulmans l'idée d'un État musulman séparé de l'État hindou. Le processus qui conduira à la partition de 1947 est en germe dès celle du Bengale de 1905.

Jean-Pierre Chrétien : Nous voyons donc de part et d'autre des stratégies différentes, chacun veut manipuler les divisions des populations qu'il contrôle et à l'inverse le colonisé s'insère dans ce jeu et il a ses stratégies. En ce qui concerne le rôle des missionnaires sur les sociétés africaines, lorsqu'on parle par exemple de la région des Grands lacs, on a tendance à insister sur cette espèce de capture mentale, de reconstruction de l'imaginaire autochtone par ou dans le cadre d'un discours biblique. On observe aussi des recompositions en ce qui concerne le fonctionnement des sociétés, dans la mesure, où on l'oublie trop souvent, les missionnaires sont des gens de leur temps, c'est-à-dire, ils apportent avec eux non seulement le message biblique mais aussi la culture anthropologique de leur époque. Ils diffusent des idées qui sont souvent celles de leur expérience européenne des XIXe et XXe siècles. Des écoles s'ouvrent sous leur autorité dans ce contexte, nous l'avons vu. Que vont en faire leurs élèves ? Que peut-on dire sur ces gens issus de l'école ?

LÉON SAUR : Les colonisés sont tout sauf des acteurs passifs. Ils se réapproprient ce savoir que les missionnaires leur dispensent dans le cadre d'un accord passé entre le royaume de Belgique et l'Église catholique. Il est évident qu'un missionnaire subsidié coûte moins cher et qu'il est plus disponible qu'un enseignant « normal », je veux dire un laïc, tôt ou tard marié et avec charge de famille. En outre, le missionnaire est d'une certaine manière plus obéissant envers l'autorité même s'il peut lui aussi avoir ses propres réactions et sa propre stratégie de résistance lorsqu'il considère que le pouvoir temporel exagère. En Afrique belge, le pouvoir colonial concédera donc immédiatement l'enseignement à l'Église. Du point de vue du colonisateur belge, les élites locales sont formées par les missionnaires pour être ses auxiliaires dans le cadre d'une administration dite indirecte. Mais au Ruanda-Urundi, en tous cas, cette formation « chrétienne » n'empêchera pas les élites locales d'élaborer des stratégies d'émancipation tout en poursuivant leurs rivalités traditionnelles.

JEAN-PIERRE CHRÉTIEN : Ce qui m'a toujours frappé, c'est que le missionnaire, homme de l'Occident venu « civiliser », est aussi une personne qui va se méfier des gens qu'il a formés et qui va faire l'éloge des gens non-instruits, dont la morale est censée être restée plus saine, car ils seraient plus dociles. C'est l'indigène « évolué » qui crée les difficultés.

Il y a aussi des contradictions entre ce qui se passe sur le terrain et ce qu'on dit en métropole.

JEAN-LOUIS TRIAUD : Il faut rappeler, à ce propos, que, jusqu'à la Seconde guerre mondiale, les distances sont très grandes entre la métropole et les colonies sur place. Cela signifie que les administrations locales ont une marge de manœuvre relativement importante et qu'il y a un grand décalage entre ce qui se dit officiellement, ce qui est transmis effectivement et la manière dont c'est appliqué sur le terrain. La personnalité d'un administrateur peut jouer un grand rôle dans les relations avec les personnels religieux locaux. Une animosité entre un administrateur et le responsable d'une mission catholique peut entraîner un certain nombre d'effets. On voit aussi des administrateurs qui sont « islamophiles », et d'autres qui sont « islamophobes » et agissent en conséquence. Ces administrateurs sont, comme on l'a écrit parfois, les « rois de la brousse » et jouissent, pendant toute une époque, d'un pouvoir discrétionnaire. Cette colonisation est d'ailleurs brutale, répressive, et c'est l'administrateur sur place qui incarne cette toute puissance. Dans le cadre général des instructions, il est celui qui décide sur le terrain et il peut infléchir la politique.

CLAUDE PRUDHOMME : Je voudrais insister à mon tour sur le fait que l'historien est dépendant de ses sources. Non seulement il y a une grande distance entre Paris et les colonies, mais aussi entre la réalité perçue par le missionnaire et la réalité vécue par la population. Le processus de christianisation était impossible sans ces intermédiaires que les missionnaires appellent les auxiliaires de la mission, comme dans l'administration, et dont on ne sait pas grand chose faute de témoignages. Les recherches récentes montrent cependant que la diffusion de nouvelles idées, de nouveaux modèles, en somme du christianisme est moins effectuée par les missionnaires, seuls face à des territoires immenses, que par les catéchistes, les instituteurs, les chefs de village etc. On se rend compte aujourd'hui, notamment grâce à la tradition orale, que la littérature missionnaire surévalue le rôle des missionnaires, c'est-à-dire de ceux qui écrivent ; il peut exister une différence considérable entre ce que le missionnaire fait et ce qu'il dit ou croit faire.

JEAN-PIERRE CHRÉTIEN : Ce sont des intermédiaires culturels, un peu comme ces agents de la diffusion de l'idée républicaine analysés naguère par notre collègue Agulhon.

Passons à la dernière période, celle des années 1950. Les Églises voient-elles avec effroi cette décolonisation ? Comment l'accompagne-t-elle ? Quel rôle joue l'islam ? L'hindouisme ?

CLAUDE PRUDHOMME : Le problème du point de vue des Églises est assez simple, au moins. au niveau des instances dirigeantes (le missionnaire de terrain est plus sensible aux appartenances nationales). La décolonisation en soi ne soulève pas de difficulté. Le but de la mission est de créer des Églises indigènes. La fin de la colonisation constitue une étape nouvelle dans ce processus, certainement une étape nécessaire. Le problème ne vient pas de la décolonisation, mais des conditions dans lesquelles elle s'effectue. L'enjeu est de savoir si des chrétiens seront à la tête des États décolonisés. Les missions redoutent deux adversaires. Protestantes ou catholiques, elles veulent mettre à profit l'avance prise en matière de scolarisation et de formation des cadres locaux et prendre le pas sur les musulmans. Elles veulent encore plus empêcher dans les années cinquante l'arrivée au pouvoir de communistes ou de marxistes. Décoloniser oui, mais pour maintenir les liens et les collaborations, pas pour opérer la révolution.

JEAN-PIERRE CHRÉTIEN : Et en Afrique de l'Est, Henri Médard ?

HENRI MÉDARD : Nasser a une politique importante qui est diffusée par la radio du Caire. Dans toute l'Afrique de l'Est, on reçoit donc les discours qui viennent du Caire et cela inquiète non seulement les missionnaires, mais l'administration. Mais un autre aspect est intéressant : pendant la période coloniale la vie politique est maintenue dans deux petites cases aussi limitées que possible. Ces deux cases, ce sont la sphère religieuse et la sphère ethnique. Avec l'approche de l'indépendance, on va pouvoir à nouveau réinvestir la sphère politique proprement dite à partir de ces deux cases. Les Églises, grâce à leur infrastructure (presse, réseaux, leur patronage dans leur pouvoir à recruter les enseignants), vont se trouver aspirées dans la vie politique de l'indépendance même si en fin de compte les questions religieuses disparaissent ou sont gommées par d'autres aspects cinq ou six années après.

JEAN-PIERRE CHRÉTIEN : L'Église catholique est parti prenante dans les changements qui préludent à l'indépendance.

LÉON SAUR : Il est certain que la décolonisation en marche et la distanciation de l'Église catholique vis-à-vis de la colonisation interpellent les fidèles catholiques. C'est notamment le cas en Belgique où, depuis cinquante ans, pouvoir politique, Église catholique et missionnaires marchent main dans la main pour édifier ce Congo qui est considéré comme une sorte de parachèvement de l'indépendance belge et une « colonie modèle » donnant à la Belgique une place en vue sur la scène mondiale. Sans le Congo, la Belgique n'est qu'un petit pays ; avec le Congo, elle représente quelque chose sur la scène internationale. Pour ces catholiques qui ont porté à bout de bras la colonisation (notamment parce que tout un appareil ecclésiastique de propagande a soutenu la colonisation et l'évangélisation du Congo, les deux allant de pair), le fait que, Pie XII en tête, l'Église entreprenne de se désolidariser du pouvoir colonial, provoque un choc. On trouve des écrits d'un cynisme et d'une franchise remarquables dans la littérature catholique belge des années cinquante. Notamment dans la *Revue nouvelle*, une revue mensuelle catholique de tendance progressiste, où le père Mosmans explique crûment en une vingtaine de pages pour quelles raisons il est tout à fait normal qu'après avoir collaboré très étroitement avec le pouvoir colonial, l'Église doit maintenant s'en détacher, dès lors que le pire qui pourrait lui arriver serait que, le pouvoir colonial ayant été évincé, elle soit chassée à son tour des pays qu'elle a évangélisés dans le cadre de la colonisation. Ce texte est remarquable, car il dit les choses telles qu'elles sont. Je veux dire, telles qu'on les analyse dans les sphères les plus hautes de l'Église, au Vatican. J'ajouterais un paradoxe de l'histoire. Au milieu des années cinquante, les anticléricaux belges vont rompre le consensus colonial et ouvrir des écoles laïques « officielles » en Afrique belge pour arracher à l'Église le monopole de l'enseignement qu'elle y détenait jusque-là. Cela va bien sûr provoquer une forte réaction catholique, tant en Belgique qu'en Afrique belge. Au-delà du tumulte, la hiérarchie catholique se réjouit secrètement de cette offensive anticléricale, car cette volonté du pouvoir politique libéral socialiste de « casser » le monopole de l'Église fait précisément le jeu des autorités ecclésiastiques qui veulent à tout prix se démarquer du pouvoir colonial.

JEAN-PIERRE CHRÉTIEN : Le cas belge est en effet un cas d'école. La situation en Afrique de l'Ouest est plus complexe. L'islam joue-t-il un rôle dans ses revendications qui préludent à la décolonisation ?

JEAN-LOUIS TRIAUD : Je voudrais reprendre ce qu'a dit notre collègue : les curés catholiques ne sont pas très chauds pour la décolonisation. Ils sont restés colonialistes. L'Église catholique, en Afrique de l'Ouest, est restée une église très occidentale. L'encadrement africain est encore extrêmement faible, médiocre et, pendant les années soixante, les églises catholiques seront encore encadrées pendant un certain temps par des évêques et des missionnaires européens. Il y a donc là un très net retard par rapport aux protestants.

L'islam là-dedans est hors-jeu. Colonisation et islam, en Afrique de l'Ouest, sont gagnant/gagnant : chacun y a trouvé son compte. Les confréries musulmanes au Sénégal sont devenues des puissances incontournables avec lesquelles tout pouvoir politique doit négocier. Dans le reste de l'Afrique de l'Ouest sahélienne l'islam a beaucoup recruté à la faveur de l'urbanisation, du développement des voies ferrées, des pistes où les commerce musulman pénètre. Il est devenu majoritaire dans un pays comme le Mali à l'époque coloniale. C'est sous l'époque coloniale que l'islam a fait le plein, en Afrique de l'Ouest, dans un certain nombre de colonies. C'est donc un paradoxe. Mais, sur le plan politique, il est hors-jeu. Pourquoi ? Parce que les cadres ont été formés dans les écoles occidentales et peu de musulmans y sont allés. Il y a eu, du côté musulman, un refus diffus de l'« école sans Dieu », Les cadres de l'indépendance ne sont donc pas, en règle générale, des cadres musulmans revendiquant une telle identité, même s'ils peuvent l'être sur le plan sociologique. Les références intellectuelles et idéologiques des cadres musulmans au Sénégal et au Malin sont alors plutôt du côté des modèles syndicalistes, socialistes et communistes français.

JEAN-PIERRE CHRÉTIEN : Si l'on revient au cas indien. Tout le monde a en tête le nom de Gandhi, mais représente-t-il une revendication de l'hindouisme pour l'indépendance ?

JACQUES WEBER : Je ne dirais pas cela. Gandhi, qui est avant tout hindou, est d'une certaine façon le fruit de l'action des missionnaires catholiques ou protestants en Inde. Les missionnaires, à partir de 1813, ont pu agir comme je l'ai déjà dit, et ils se sont attachés à dénoncer les aspects les plus négatifs de l'hindouisme, les superstitions, les idolâtries et certaines pratiques sociales très liées à l'hindouisme, comme les mariages d'enfants, que j'ai déjà évoqués, le sacrifice de la veuve sur le bûcher de son époux, l'interdiction qui était faite aux veuves de se remarier, etc. Ce faisant les missionnaires, par leurs critiques, ont provoqué une réflexion des hindous, laquelle est à l'origine de ce que l'on a appelé le réformisme. Les réformistes ont été en quelque sorte invités par les missionnaires à réfléchir sur leur propre religion, l'hindouisme, à remonter à ses sources, aux textes les plus anciens, Védas et Upanishad, pour comprendre les raisons de la décadence de leur religion et de leur société. Les grands philosophes indiens du XIXe siècle ont découvert dans ces textes primordiaux le monothéisme et l'égalité de la société indienne des origines. Recherchant les causes de la décadence de l'hindouisme, ils en sont venus progressivement à affirmer la supériorité de l'hindouisme sur les autres religions. Voilà l'affirmation essentielle du réformisme. Vous voyez en quoi il contribue à faire naître le sentiment national en Inde. Gandhi est un peu en marge du réformisme. Il défend les valeurs de l'hindouisme tout en reconnaissant les autres religions comme autant de voies d'accès à la Vérité. Respectueux de toutes les religions, il contribue à l'orientation sécularisme du Congrès indien. Si les églises catholiques indiennes constituées très tôt, - il y a des évêques indiens dès le début du XXe siècle -, se sont ralliées à la voie préconisée par le Congrès et ont soutenu le mouvement d'indépendance de Gandhi, c'est précisément parce que Gandhi, comme tous les leaders congressistes, Nehru, son fils spirituel, en tête, ont choisi l'indépendance de l'Union indienne dans la laïcité et affirmé l'égalité de toutes les religions et le devoir de protection des minorités incombant à l'État.

JEAN-PIERRE CHRÉTIEN : Claude Prudhomme, un dernier mot peut-être sur ce qui se passe actuellement en Afrique ?

CLAUDE PRUDHOMME : C'est l'occasion de souligner que les historiens ont pris conscience depuis une vingtaine d'années de l'importance des facteurs religieux. Les analyses développées au moment des indépendances, entre autres à cause des grilles de lecture qui dominaient, ont sous-estimé le rôle du religieux dans la compétition pour le pouvoir et dans la formation des cultures. Il ne s'agit pas aujourd'hui de tout expliquer par les religions mais d'être attentif aux interactions entre domaine politique, économique et religieux.

JEAN-PIERRE CHRÉTIEN : Mesdames et messieurs nous vous remercions de votre attention.

À Blois, le 16 octobre 2005

Religion et humanitaire

Sylvie Brunel[1]

Religion et Humanitaire… sur un tel sujet, une encyclopédie en vingt volumes n'y suffirait pas. Quelques images d'actualité viennent immédiatement à l'esprit lorsqu'on s'interroge sur les liens entre ces deux termes : les membres de l'Église de scientologie, avec leurs tenues jaunes, proposant des massages aux rescapés du tsunami de décembre 2004, à Banda Aceh, en Indonésie ; la concurrence des ONG islamiques dispensant leur aide à « leurs » fidèles et à eux seuls, après le tremblement de terre d'octobre 2005 au Pakistan ; le président du Venezuela, Hugo Chavez, expulsant le mois suivant les ONG évangéliques agissant auprès des Indiens de la forêt amazonienne en les accusant d'être des agents à la solde du gouvernement américain… Tenter de synthétiser en quelques mots quelles relations fortes et ambiguës entretiennent la religion et l'humanitaire (c'est-à-dire l'action de secourir son prochain) est une gageure. D'autant que l'action humanitaire est devenue depuis la fin de la Guerre froide une composante pleine et entière de la diplomatie internationale et qu'elle se décline désormais sur tous les tons et sous toutes les formes… Aujourd'hui les organisations confessionnelles sont donc de plus en plus présentes dans le monde entier, sur tous les fronts de la politique, de l'économie et du social.

1. Professeur des Universités en géographie du développement, Université Paul Valéry (Montpellier III). Auteur notamment de *Frontières* (Denoël, 2003), *La Déliaison* (avec Ariane Fornia, Denoël, 2005), *L'Afrique* (Bréal, 2004), *Le développement durable* (PUF, Que Sais-Je ? 2004), *L'Afrique dans la mondialisation* (La Documentation française, décembre 2005). Dernier ouvrage paru : *La Planète disneylandisée* (éditions Sciences Humaines, 2006).

À partir d'une constatation simple, celle que la morale du don est présente dans toutes les religions, nous verrons pourtant, dans une première partie, que l'histoire du monde est l'histoire de conquêtes religieuses, qui revêtent l'apparence de l'altruisme pour mieux assouvir leurs visées géopolitiques. Il existe ainsi plusieurs générations de mouvements humanitaires religieux, qui correspondent chacune à une phase conquérante d'une civilisation au détriment des autres, ce sera l'objet de notre seconde partie.

La nouvelle mondialisation des années 90 a entraîné une explosion des mouvements associatifs, parmi lesquels les ONG religieuses (islamiques et évangéliques particulièrement) jouent un rôle de premier plan : nous assistons aujourd'hui à une reconquête humanitaire et religieuse du monde, qui entraîne une privatisation de l'assistance et se nourrit du désengagement et du démantèlement des États. Cette montée en puissance de l'humanitaire religieux remet en question les fondements mêmes de l'État providence, sur lequel s'étaient bâtis à partir du XIXe siècle les démocraties laïques et égalitaristes de l'Occident développé. C'est ce que nous verrons dans une troisième partie.

Religion et Humanitaire, un pléonasme ?

Religion et Humanitaire, tel est le titre ambitieux, voire présomptueux, de cette conférence. Comment espérer traiter un tel sujet en moins d'une heure ? Tout de suite, une première remarque s'impose : ne s'agit-il pas d'un pléonasme ? Toutes les religions font du devoir envers son prochain leur fondement même, leur justification :

- la charité est au cœur de la religion chrétienne, justifiée par l'amour du prochain (*agape*, miséricorde),
- la *zakat* musulmane, l'aumône du croyant, est le troisième pilier de l'islam,
- la *zédaqa* hébraïque institutionnalise l'aumône parce qu'il s'agit d'une question de justice.

Toutes les religions accordent une valeur essentielle au don. La piété impose de partager avec moins défavorisé que soi les richesses dont la providence a pourvu le croyant. Or l'action humanitaire présente de nombreuses similitudes avec la religion : elle ne prétend pas sauver le monde ou apporter des solutions politiques, mais fournir à l'être humain, pris individuellement, des solutions concrètes et immédiates à ses souffrances, un réconfort à la fois moral et physique. « *Notre but : sauver une vie, plus une vie, plus une vie* » comme le proclame la charte de nombreuses ONG, en un discours très proche du discours religieux. Le geste de secours comme le don sont considérés comme apportant autant à ceux qui les dispensent qu'à ceux qui en bénéficient : à la rédemption de celui qui aide répond la rédemption de celui qui est sauvé par le geste généreux. Les chrétiens disent « charitable » ou « miséricordieux », mais la démarche est la même.

Le vocabulaire humanitaire lui-même est très marqué par le discours religieux : le volontaire ne part-il pas en « mission » ? (mais il faut noter qu'il est tout aussi influencé par le militaire : les ONG disposent d'un département des « opérations », elles « prépositionnent » des équipes dans les zones de crise et déploient, pour agir, une très importante « logistique »…).

Lorsqu'on associe les mots religion et humanitaire, c'est d'abord à la chrétienté qu'on pense, car l'histoire de l'Occident s'impose à nous, Européens. Histoire d'une chrétienté conquérante face aux « Infidèles », que symbolisent si bien les croisades bien sûr, mais aussi diffusion des ordres missionnaires qui accompagnent les Grandes découvertes et la conquête du Nouveau monde.

L'humanitaire, cheval de Troie de l'évangélisation et de la conquête

Ainsi, à partir du Moyen Âge, les ordres religieux, mêlant prosélytisme chrétien et action charitable, jouent un rôle très actif dans l'expansion européenne, particulièrement les Jésuites, les Franciscains et les Dominicains.

Pourtant, les travaux de l'historienne Catherine Duprat montrent que la France des Lumières est la première, à l'époque moderne, à distinguer la philanthropie de la charité. La montée de la critique sociale et de l'humanisme entraîne l'apparition d'un humanitaire laïc, avec la naissance des « sociétés de bienfaisance » (qui ne renient toutefois pas leur inspiration religieuse).

La dissolution des congrégations religieuses par la Révolution française en 1792 correspond dans le monde à un recul de la chrétienté catholique : persécution des missions en Asie, retrait de l'Espagne d'Amérique du Nord… Le XVIIIe siècle est ainsi celui qui voit décliner l'épopée missionnaire catholique, tandis qu'émerge au contraire, à la fin du siècle, un renouveau évangélique de l'Église protestante, en Polynésie et dans tout le Nouveau monde notamment.

Au XIXe siècle, marqué par les grandes entreprises de conquête et de colonisation du monde par l'Occident européen, l'ambiguïté des desseins humanitaires concurrents, protestants et catholiques, correspond à une phase de mondialisation : les nouveaux territoires à évangéliser sont l'objet d'un prosélytisme actif, des congrégations catholiques d'une part, directement rattachées au pape, des Églises protestantes américaines d'autre part, Adventistes surtout. Parallèlement une philanthropie laïque se déploie, particulièrement active lors des grandes catastrophes : en 1812, après le séisme de Caracas, au Venezuela, les États-Unis envoient une aide massive et théorisent la fameuse « doctrine Monroe », qui fait du continent américain leur chasse gardée stratégique.

Ainsi, dès cette époque, l'Humanitaire sert de cheval de Troie aux ambitions de puissance. Dans toutes les régions du monde où l'Occident étend son emprise, on assiste à un foisonnement d'ordres religieux : les missionnaires sont partout présents. Leur attitude est empreinte d'une ambiguïté que l'on retrouve aujourd'hui chez les ONG confessionnelles : immergés au sein des populations indigènes, dont ils partagent le mode de vie, apprennent la langue, qu'ils contribuent à mémoriser et divulguer par la réalisation de lexiques et de dictionnaires, ils protègent certes les populations contre l'oppression et la violence coloniales, mais mêlent sans états d'âme une réelle action sanitaire et éducative à un prosélytisme affiché. Là encore, le caritatif est le cheval de Troie de la volonté de conversion, qui fait partie intégrante du dessein colonial. Convaincus d'apporter les bienfaits d'une civilisation supérieure, les missionnaires font de l'évangélisation l'axe principal de leur action, utilisant l'action humanitaire pour imposer une religion conquérante, en stigmatisant et en dévalorisant les pratiques et l'expérience autochtones.

L'ambiguïté de cette action est bien illustrée par l'action des missionnaires en Nouvelle-Zélande : soucieux de protéger les populations maories indigènes contre les annexions et les violences des marins britanniques, ils rédigent en 1840 le traité de Waitangi, qui traite des relations entre *pakehas* (étrangers) et indigènes, notamment dans le domaine foncier. Le traité de Waitangi est conçu par ses initiateurs comme un moyen de protéger les droits fonciers indigènes, alors que les dépossessions se multiplient. En réalité, il donne le signal de la colonisation officielle de l'île par la Grande-Bretagne, consacrant formellement une annexion de fait. Jamais ratifié par le Parlement britannique, il constitue encore aujourd'hui une pomme de discorde entre Maoris et pakehas, les droits fonciers des premiers ayant été allégrement bafoués. Lors des dernières élections législatives du pays, en septembre 2005, l'une des revendications principales du parti maori était toujours que soit enfin appliqué le traité de Waitangi !

Ainsi, la mission humanitaire constitue souvent le faux-nez des visées impérialistes. Les travaux de Françoise Vergès montrent par exemple que les mouvements abolitionnistes du XIXe siècle justifient et soutiennent la colonisation de l'Afrique par la nécessité de mettre fin à la traite des esclaves, jugée inacceptable par les esprits éclairés. Mais si la colonisation met effectivement fin à la traite, elle la remplace par la corvée, la chicotte (châtiment corporel) et le travail forcé, qui ne sera aboli qu'en 1946 : le « code de l'indigénat » institutionnalise l'infériorité civique de l'Africain par rapport au colon blanc.

Plusieurs générations d'ONG religieuses

Une « ONG religieuse » est une ONG qui soit se réfère explicitement à un discours religieux, soit émane d'une institution religieuse. Sans remonter aux ordres religieux du Moyen Âge, de la renaissance puis de la colonisation, il faut noter que la plupart des ONG religieuses actuelles sont nées au cours des deux Guerres mondiales, pour venir en aide aux populations affamées et déplacées d'Europe. Les plus connues d'entre elles sont CARE (initialement Coopérative for American Remittancies in Europe), créée en 1945-46, Church World Service, la

Lutherian World Federation (1947), le World Council of Churches (1948). Ces organisations se réorientent vers le Tiers Monde au moment de la décolonisation et des indépendances. C'est ainsi que le E de CARE ne signifie plus Europe, mais « Everywhere ». Tout comme World Vision, d'inspiration évangélique, créée en 1950, le CCFD (Comité catholique contre la faim et pour le développement), Terre des Hommes, Frères des Hommes ou la Cimade, créées dans les années soixante, ces organisations se donnent pour mission d'agir dans les creux du développement, en partenariat avec des organisations et des églises locales. Dans les années cinquante, 90% de l'assistance non étatique apportée aux populations pauvres du Tiers Monde est fournie par des ONG religieuses.

Ces organisations connaissent une relative éclipse quand les French doctors s'imposent sur le devant de la scène, avec leurs méthodes spécifiques (cette fameuse « loi du tapage » chère à Bernard Kouchner) qui leur assurent une visibilité médiatique sans pareil. Dans les années 80, qui voient s'effondrer peu à peu le rideau de fer, ouvrant la totalité du monde aux ONG, les urgentistes mettent en œuvre une « morale de l'urgence », consacrée en décembre 1988 par l'adoption à l'unanimité par l'Assemblée générale des Nations Unies de la résolution 43-131 sur « l'assistance aux victimes de catastrophes naturelles et situations d'urgence du même ordre ». Elle ouvre une décennie marquée par la mise en œuvre de ce qu'on va appeler un peu vite « le droit d'ingérence ». Prônant une assistance directe aux victimes, au lieu du soutien traditionnel à des organisations partenaires, refusant tout parti pris religieux, ces ONG évincent temporairement leurs prédécesseurs, dont l'action de long terme est mise à mal par la multiplication des catastrophes consécutives à l'effondrement des États. « Les acharnés du développement besognaient dans l'ombre. Respectueux des coutumes et des cultures, proches des gens, ils n'entendaient pas imposer leur manière de vivre, ce qui rendait parfois leurs entreprises désespérées. Patients, tenaces, indispensables, ils tentaient de construire un avenir pour les déshérités, une grande moitié des hommes de la terre. Ils furent rejoints à grands cris par les volontaires de l'urgence, et d'abord par ces médecins qui depuis vingt ans se précipitent aux points chauds de la planète quand éclatent les catastrophes politiques ou lorsque les cris de dénuement sont plus aigus qu'à l'habitude », résume Bernard Kouchner dans *Le malheur des autres* (Odile Jacob, 1991).

Une explosion des ONG confessionnelles à la fin de la Guerre froide

Les ONG religieuses connaissent un véritable renouveau depuis le début des années 90 à la faveur de la mondialisation libérale et de la crise de l'État. La décennie post Guerre froide est en effet celle des grandes conférences internationales et de l'apparition d'une « société civile » impétueuse et désordonnée, qui émerge à la faveur de la dislocation des dictatures, privées de leurs soutiens géopolitiques externes, et de l'« humanitarisation » d'une aide publique au développement, dont la baisse, à partir de 1991 et la disparition officielle de l'Union soviétique, s'accompagne d'un redéploiement en direction des ONG. Une « prime à la démocratisation » est attribuée par les bailleurs de fonds institutionnels aux États qui acceptent de voir émerger des contre-pouvoirs issus de la société civile : la presse, les associations, les partis politiques, les syndicats, etc. Sur ce terreau fertile, entretenu par des financements importants, prolifèrent les ONG, d'autant que les Etats privés de moyens ne peuvent plus assurer leur fonction redistributive et entretenir leurs clientèles.

Les grands sommets internationaux confèrent une visibilité mondiale à leurs revendications. Certes, leur rôle dans les grandes conférences internationales n'est pas nouveau : 1200 ONG étaient déjà présentes lors de la conférence de San Francisco en 1944, qui vit la création de la charte de l'ONU. Mais l' « altermondialisme », qui émerge au premier Sommet de la Terre, à Rio en janvier 1992, et ne cesse de se renforcer au fil de la décennie, leur confère de nouvelles opportunités, une nouvelle visibilité. Le nombre des ONG accréditées auprès du Conseil économique et social de l'ONU explose littéralement dans les années 90, à l'image de la prolifération exponentielle des organisations issues de la société civile : l'avènement des NTIC, et notamment Internet, permet à des ONG jusque là isolées de s'organiser en réseaux planétaires et de lancer des mots d'ordre communs.

Les ONG mixent une action de terrain qui leur donne une légitimité, celle de parler au nom des pauvres, et une action internationale, qui consiste à participer aux grandes conférences internationales et à lancer des mots d'ordre planétaire. Elles montrent leur « capacité de nuisance » auprès des hommes politiques en organisant et en fédérant de grandes campagnes de protestation, visant à mobiliser les médias et les opinions publiques pour obtenir le changement des règles internationales au profit des pays les plus pauvres (ainsi Jubilee 2000 réunissant les ONG catholiques autour de l'annulation de la dette). Elles acquièrent ainsi un poids politique qui les fait craindre et prendre en compte, ce qui ne fait que renforcer leur puissance, même quand leur base réelle (nombre de militants), donc leur représentativité et leur légitimité réelle, sont très faibles.

À ce jeu, les ONG confessionnelles disposent d'un avantage comparatif. Non seulement elles peuvent disposer des financements publics importants que les bailleurs de fonds institutionnels (gouvernements, Nations Unies, Union européenne) allouent à l'aide humanitaire, mais aussi des financements privés considérables que l'essor du « *charity-business* » (pour citer une fois encore Bernard Kouchner) draine en direction des ONG lors des grandes catastrophes médiatisées. Comparées aux autres ONG, elles bénéficient d'un triple atout :

- un réseau d'églises, souvent incroyablement étendu, qui relaie leurs appels et collecte des fonds en leur nom,
- des bataillons de militants à la fois dévoués et bénévoles,
- bien souvent des organes de presse affidés, qui servent de courroie de transmission auprès du grand public.

De plus, leur ancienneté leur a permis de s'organiser et de développer des activités de lobbying auprès des gouvernements et des grandes entreprises. Elles disposent donc de budgets colossaux, souvent supérieurs à un milliard de dollars. Les ONG catholiques sont ainsi devenues des « poids lourds » de l'humanitaire (Catholic Relief Services, Caritas international, World Council of Churches...), mais au fil de la décennie 90, elles sont rejointes par des ONG musulmanes, juives et surtout protestantes, telles les évangéliques World Vision, Habitat for Humanity ou Samaritan's Purse.

Dès lors, deux questions essentielles se posent :

1) La multiplication dans le monde de projets humanitaires concurrents ne constitue-t-elle pas le masque caritatif de volontés hégémoniques rivales ?

2) L'humanitaire, et notamment l'humanitaire confessionnel, tel qu'il est actuellement pratiqué par les ONG évangéliques notamment, n'est-il pas une façon subtile d'imposer le modèle libéral nord-américain ?

Une reconquête du monde par le biais de l'humanitaire

La nouvelle croisade de l'Occident est en apparence une croisade contre la pauvreté, nouveau mot d'ordre de la coopération internationale depuis le début des années 90. Mais comme ses prédécesseurs, cette croisade est surtout une reconquête, qui revêt les habits humanitaires pour mieux dissimuler les intérêts commerciaux (accès au pétrole et aux budgets de reconstruction) et stratégiques (volonté de contrôle et de positionnement dans des zones jugées essentielles) qui la motive. L'humanitaire des entreprises pétrolières, l'humanitaire d'État et l'ingérence politique de la « bonne gouvernance », l'humanitaire d'endiguement (containment, comme on disait pendant la Guerre froide), qui est aussi un moyen de maintenir les pauvres chez eux, sont devenus des composantes essentielles de la diplomatie internationale depuis la fin de la Guerre froide. Aujourd'hui, les 3 « M » qui avaient colonisé l'Afrique, les Marchands, les Militaires et les Missionnaires, ont repris du service partout dans le monde, mais ils arborent la panoplie du bon Samaritain pour, comme par le passé, prendre pied sur des territoires convoités. La crise de l'État des années 90 et la « décennie du chaos » qu'elle a engendrée, en Afrique notamment, ont permis une reconquête économique et politique qui a pris l'apparence de l'action humanitaire.

L'émergence des ONG religieuses, quelle que soit leur obédience, pose la question de savoir si elles peuvent réellement être considérées comme un facteur de paix et de développement, ou au contraire comme un facteur de tensions accrues entre communautés rivales : la plupart d'entre elles réservent en effet leur assistance à « leurs » fidèles, entretenant ainsi un communautarisme exacerbé, facteur d'intolérance et de repli sur une identité cultivée à l'extrême.

Ainsi au Soudan, pendant la guerre civile, les ONG islamiques soutenues par Khartoum agissent en terre musulmane, dans le nord du pays, autour de la capitale, où les déplacés sont parqués en plein désert dans des camps militairement gardés, où ils n'ont ni le droit de travailler, ni celui de se construire une maison en dur, dépendant exclusivement de l'assistance caritative pour survivre. Or ces ONG islamiques n'hésitent pas à conditionner leur aide à la conversion à l'islam des populations noires déplacées, originaires du sud, initialement chrétiennes ou animistes. Le sud du pays n'est pas en reste : il est devenu au contraire une immense terre d'évangélisation pour les ONG chrétiennes, évangéliques notamment, largement soutenues par les financements du gouvernement américain. Des ONG qui agissent aujourd'hui au Darfour, en terre entièrement musulmane donc, et propagent le message évangélique par le biais de l'assistance alimentaire aux déplacés, organisant notamment la fête de Noël, chrétienne par excellence, avec remise de cadeaux aux enfants. Cette action humanitaire a d'ailleurs d'autres conséquences ambiguës : le rachat d'esclaves mis en œuvre par l'ONG suisse Christian Solidarity International, en conférant une valeur d'échange aux êtres humains déportés et vendus par les milices islamiques, encourage indirectement un trafic pourtant illégal, crime contre l'humanité dans le droit international.

Partout se multiplient des ONG créées sur des bases confessionnelles. Les ONG islamiques sont désormais partout présentes dans le monde musulman et progressent sur ses marges, en Afrique et en Asie notamment (voir les travaux d'Abel-Rahman Ghandour et notamment le livre qu'il a consacré à ces ONG, préfacé par Rony Brauman). L'effondrement des systèmes éducatifs, avec les cures d'austérité imposées de l'extérieur aux Etats endettés, a fait proliférer les écoles coraniques, qui permettent aux parents d'envoyer leurs enfants dans des systèmes où ils sont pris en charge et reçoivent une formation. Mais le contenu de cette formation est extrêmement marqué par le prosélytisme et aboutit à former des bataillons de « talibs », de disciples, généralement très hostiles à l'Occident et prêts à mener le Djihad, la guerre sainte. L'Occident prend ainsi de plein fouet l'effet boomerang des politiques de démantèlement des États, qui ont caractérisé l'application aveugle des plans d'ajustement structurel au cours des années 80 et 90.

Quand la charité remplace le social....

Le succès des ONG confessionnelles s'explique donc par l'effondrement des systèmes de protection sociale consécutif à la libéralisation des économies après la crise de la dette : les plans d'ajustement structurel imposent aux États de tailler dans leurs dépenses sociales et de réduire le secteur public à ses fonctions régaliennes (maintien de l'ordre, défense, justice). Dès lors, la santé, l'éducation, la prise en charge des malades, des personnes âgées, voire des chômeurs, privés de tout revenu par la privatisation et le démantèlement des entreprises publiques et la mise en œuvre d'une politique de « flexibilité » et de recouvrement des coûts, deviennent du ressort d'associations privées. Discrédités et astreints à une cure d'austérité par l'application brutale de modèles libéraux, les États sont remplacés par les ONG issues de la société civile, qui assurent à leur place les missions de service public. Mais là où la protection sociale relevait d'un droit universel et garanti à tout citoyen, l'assistance caritative substitue une aide conditionnée, partiale et partielle : n'y ont droit que les « bons » bénéficiaires, ceux qui se conforment aux prescriptions morales et religieuses de leurs bienfaiteurs, les associations qui les prennent en charge et leur dispensent une assistance.

L'action humanitaire, et particulièrement l'action humanitaire religieuse, permettent ainsi de faire passer la pilule du désengagement de l'État. La Banque mondiale intègre désormais l'humanitaire dans ses politiques, considérant que la présence des ONG offre des filets de sécurité face à l'explosion de la pauvreté, ce qui conditionne l'acceptation des réformes libérales ! La charité plutôt que le social. Le démantèlement des systèmes de protection sociale et de l'État providence à partir des années 80-90 (dans les pays du Sud en raison des réponses libérales à la crise de la dette, mais aussi dans les pays du Nord avec la montée du même discours libéral, désormais sans contre-pouvoir depuis la disparition de l'Union soviétique) débouche sur une privatisation des systèmes sociaux. L'éducation, la santé, la retraite deviennent peu à peu des services privés, qui supposent des mises de fond importantes de la part de ceux qui veulent en bénéficier, avec pour corollaire d'exclure tous ceux qui n'ont pas les moyens de les financer, soit parce qu'ils ont perdu leur emploi, soit parce qu'ils font partie des populations marginalisées (vieux, pauvres, malades, jeunes…).

Ainsi la vogue du micro-crédit depuis le début des années 90 n'est qu'une façon subtile de demander aux pauvres de se prendre en charge eux-mêmes : qu'ils créent donc leur entreprise s'ils veulent s'en sortir ! S'ils ne le font pas, ou qu'ils échouent, c'est qu'ils n'ont pas de volonté, qu'ils sont des assistés chroniques qui portent la responsabilité de leur triste sort. Pourtant, les études montrent, d'une part, que le micro-crédit aboutit à multiplier les micro-entreprises concurrentes sans permettre forcément aux pauvres de sortir de leur pauvreté, les maintenant tout juste la tête hors de l'eau au prix d'un travail acharné, d'autre part qu'il ne peut convenir aux extrêmement pauvres, qui n'ont pas les moyens de sortir de leur nasse en créant une activité. Enfin, il s'accompagne, pour que le système soit rentable (maître mot des nouveaux programmes, y compris d'assistance), de taux d'intérêt extrêmement élevés et il enferme ses prétendus « bénéficiaires » dans un système d'obligations et de dépendance, qui peut se révéler extrêmement contraignant si l'activité engagée ne produit pas les résultats escomptés, ou si la banque profite de la relation ainsi créée pour imposer un ensemble de conduites morales (ce qui est le cas de la Graamen Bank du Bangla Desh comme des organisations islamiques et évangéliques). Pourtant, cette forme d'aide est devenue la nouvelle panacée de la coopération internationale, défendue comme une religion par un certain nombre de chefs d'entreprise et d'hommes politiques convaincus de s'engager ainsi dans un noble combat humanitaire.

De même la lutte contre le sida, telle que la conçoivent les organisations évangéliques financées par Washington, passe avant tout par un discours moral sur l'abstinence et la chasteté. En creux se dessine l'idée que celui qui est malade a forcément « fauté ». Cette conception (que les catholiques défendent plus âprement encore, en adoptant la plus grande réticence vis-à-vis du préservatif) a pour conséquence que de nombreuses personnes préfèrent ignorer leur statut sérologique plutôt que de devenir des parias sociaux. D'autant qu'accaparés par cette forme très sélective de prévention, les moyens manquent cruellement pour traiter les séropositifs : moins de 1 % de la population africaine a ainsi accès aux anti-rétroviraux. Et le sida continue de se répandre, alors que l'expérience ougandaise, sénégalaise ou thaïlandaise montre qu'il peut être contenu dès lors que les autorités en font une priorité sanitaire, et non morale.

Or les très pauvres ont besoin qu'on les aide sans condition, car ils n'ont pas les moyens de sortir eux-mêmes du piège de la misère. Et le développement suppose des investissements à fonds perdus dans des secteurs tels que l'éducation primaire, la santé de base ou les infrastructures, qui ne peuvent pas être rentabilisés à court terme, mais dont les effets multiplicateurs sur le développement sont bien connus. En participant au démantèlement et au discrédit des États et en permettant la privatisation des services publics et de l'assistance, les ONG sont devenues le bras désarmé de la mondialisation libérale : elles prolifèrent sur le terreau du désengagement étatique, qu'elles facilitent et parachèvent.

Car le discours sur la prise en charge de l'individu par lui-même est devenu le nouveau credo de la coopération, et il ressemble à s'y méprendre à celui que tiennent les organisations évangéliques, largement soutenues par le gouvernement américain.

La montée des évangéliques

La montée des églises évangéliques américaines, directement soutenues et financées par Washington, illustre bien cette conquête insidieuse du monde par un système moral et économique issu de la nouvelle puissance hégémonique du monde, les États-Unis.

Il faut, pour analyser ce phénomène, se référer notamment aux travaux de l'historien Sébastien Fath, auteur de nombreux ouvrages sur le sujet (ne citons que *Le protestantisme évangélique*, Brépols, 2004), mais aussi d'un article remarquable paru dans la revue Sciences Humaines en décembre de la même année. De même, la revue *Hérodote* vient de consacrer son numéro 119 (dernier trimestre 2005) aux « Evangéliques à l'assaut du monde ».

Sébastien Fath montre que ces ONG évangéliques, comme World Vision, Habitat for Humanity ou Samaritan's Purse, sont de véritables rouleaux compresseurs dans les zones où elles interviennent en raison de :

- leur puissance : leurs budgets avoisinent le milliard de dollars
- leur prosélytisme : elles sont dirigées par des prédicateurs bien introduits dans les médias, le Congrès américain et à la Maison Blanche
- leur soutien par le gouvernement américain, qui leur alloue des fonds fédéraux considérables et leur permet de bénéficier d'exemptions de taxe.

Anciennes puisqu'elles sont nées du terreau protestant évangélique dont elles perpétuent la tradition missionnaire développée au XIXe siècle, elles ont notamment inspiré la création du Comité international de la Croix Rouge, même si celui-ci a fait depuis de l'apolitisme et de la neutralité sa marque de fabrique. Mais elles connaissent un renouveau sans précédent depuis une décennie, accompagnant l'expansion militaire du gouvernement américain. En Irak, en Afghanistan, ces ONG sont « embedded » (littéralement « au lit avec ») avec les militaires américains.

On estime que les Etats-Unis comptent 70 millions d'évangéliques. Word Vision par exemple se targue d'un réseau de 20500 églises américaines. Les ONG évangéliques prônent l'action locale, à l'échelle individuelle et communautaire, sur la base de la mise en avant du témoignage évangélique. Elles ne remettent pas en question les structures politiques et sociales et invitent au contraire celui qui se sent en difficulté à chercher en lui-même, par la foi, la prière et le courage, les ressorts de son salut. Contrairement aux altermondialistes auxquelles elles sont parfois abusivement assimilées, les ONG évangéliques s'inscrivent dans le cadre du fonctionnement même des sociétés libérales. On peut même dire qu'elles constituent les chevaux de Troie du discours libéral anglo-saxon. Pour Isabelle Richet, dans Hérodote, « leur discours idéologique présente les problèmes sociaux comme des problèmes moraux et offre des solutions de réforme individuelle aux problèmes structurels affectant la vie de millions d'Américains ».

Incroyablement présentes en Amérique latine, elles y prospèrent sur l'affaiblissement des communautés ecclésiales de base, qu'a entraîné la remise en cause, par le Vatican, de la théologie de la libération dans les années 80. Cela a éloigné l'église catholique de sa base populaire au moment même où les populations latino-américains prenaient de plein fouet les programmes de privatisation consécutifs à la crise de la dette.

La « décennie perdue du développement » a été une décennie gagnée pour les évangéliques.

Ainsi au Brésil, pourtant « la plus grande nation catholique au monde », un cinquième de la population se considère désormais comme évangélique (Bruno Gomes dans Hérodote). Leurs églises et temples sont bien situés, soit au cœur des quartiers en difficulté, soit plus souvent, en périphérie des grandes villes. Gigantesques bâtiments à proximité des grands axes de transport, ils bénéficient d'une visibilité maximale et offrent à leurs fidèles non seulement des lieux de prières, mais surtout des maisons d'accueil, des lieux de sociabilité et d'entraide, une vision optimiste de l'avenir et de la solidarité, qui répondent aux attentes de tous ceux que la modernisation et le libéralisme ont privés de leurs repères, voire de leurs moyens de vie. Dans leurs bâtiments, grands comme des palais des congrès, on trouve à la fois des salles de prière, mais des bibliothèques, des crèches, des restaurants, et même des supermarchés !

La « révolution morale » de George Bush, le nouveau converti (*Christian born again,*) sa « croisade du bien contre le mal » depuis le 11 septembre 2001 ont été le fer de lance de la prolifération des églises évangéliques dans le monde entier : la volonté américaine de lutter contre l'insécurité, le terrorisme et l'islamisme, qui prospèrent sur les décombres de l'État, explique que des financements importants sont accordés aux ONG évangéliques qui interviennent dans les territoires considérés comme stratégiques par la diplomatie américaine.

Les dangers du « conservatisme compassionnel »

Même si les évangéliques peinent concrètement à progresser électoralement aux États-Unis, leurs discours moraux font recette auprès de publics qui ne se limitent pas aux seuls convertis, mais touchent aussi une proportion beaucoup plus large de la population, notamment noire (la qualification des affrontements du Darfour de « génocide » contre les populations noires n'est à cet égard pas anodine) et juive (en défendant la stratégie d'Israël contre la « menace islamique »). Isabelle Richet explique dans *Hérodote* comment le « conservatisme compassionnel » de George W. Bush sert de « plate-forme politique dans laquelle charité privée et traitement spirituel de l'exclusion sont le versant compassionnel d'une politique fiscale et budgétaire conservatrice ».La même analyse peut être faite à propos des organisations islamiques qui mettent tout en œuvre pour créer ou restaurer des « États religieux ».

Partout les mouvements religieux infusent les politiques publiques, en un processus de « dé-sécularisation » des États, qui touche peu à peu les institutions publiques internationales. C'est Michel Camdessus, à la tête du FMI, rappelant sa foi chrétienne, tout comme James Wolfensohn, ancien président lui aussi, mais de la Banque mondiale, qui en 1998 établit avec l'archevêque de Canterbury les WFDD (World faith development dialogue), assignant à la foi et à la spiritualité un rôle de premier plan dans la lutte contre la pauvreté. Ainsi, et on le sait depuis longtemps, la mise en avant de la religion, quelle qu'elle soit, est un puissant facteur d'acceptation de l'ordre social et des inégalités (« l'opium du peuple »). Mais elle a pour danger, partout dans le monde, de renforcer les communautarismes (chacun aide sa propre communauté : les Sikhs aident les Sikhs, les Hindous les Hindous, etc.), et constitue un facteur d'intolérance, voire de « guerres saintes ».

Ce grand retour du religieux par la voie humanitaire constitue à mon sens un véritable retour en arrière par rapport au processus de séparation de l'Église et de l'État qui a marqué la construction des États providence au cours des XIXe et XXe siècle. Ainsi la montée de l'humanitaire religieux entraîne paradoxalement un recul de l'humanisme, en participant à la disparition ou à l'amenuisement des mécanismes d'assistance et de protection collectives, neutres, impartiaux et égalitaires. Elle déplace la justice sociale de la sphère publique à la sphère privée en la travestissant doublement :

- en prise en charge individuelle d'une part : l'individu devient seul responsable de son propre malheur,
- en charité plutôt qu'en justice, ce qui consacre l'inégalité des rapports sociaux.

Les Africains disent que « la main qui donne est au dessus de la main qui reçoit ». L'aide humanitaire transforme le droit du citoyen d'avoir accès à un certain nombre de services et de biens publics essentiels en devoir de secourir la victime. À la culpabilisation du donateur (qui n'en fait jamais assez) répond la culpabilisation de l'assisté (qui n'est pas à la hauteur de la générosité dont il bénéficie). Et le clivage se creuse entre une minorité de riches qui ont leurs « bonnes œuvres », une masse de classes moyennes payant cher le droit d'avoir accès à un certain nombre de services essentiels, et un dernier tiers d'exclus, qui constituent une menace potentielle et que l'on tient à distance par la charité, et, quand cette dernière ne suffit pas, par la violence (les fusils-mitrailleurs contre les naufragés noirs de la Nouvelle-Orléans).

Il apparaît à mon sens urgent de revenir aux fondements mêmes de l'altruisme et de rappeler quelques principes fondamentaux de notre civilisation. L'article premier de la Déclaration des droits de l'homme par exemple, selon lequel « tous les hommes naissent libres et égaux en droits ».

Je vous remercie.

À Blois, le 14 octobre 2006

Démocratie, laïcité et religion en France et hors de France : la question des modèles.

Débat MGEN/MAÏF/CASDEN animé par Isabelle Lespinet

Isabelle Lespinet : Est-ce que la laïcité en France telle qu'elle est vécue dans les relations entre l'État et la religion, c'est-à-dire dans un système ou la religion est strictement enfermée dans une sphère privée, est un modèle, une spécificité française ou est-ce un mythe français ?

Jacqueline Lalouette : Pour répondre à cette question de la spécificité française de la laïcité et de la séparation, j'aurais tendance à mettre en avant non pas mes propres travaux car, pour comparer il faut être comparatiste, or je n'ai travaillé que sur le cas français, mais il y a d'autres travaux bien connus d'historiens qui ont précisément mis en rapport la laïcité française et la laïcité dans les pays européens. Je pense notamment à Jean-Paul Willaime, de l'École pratique des Hautes-Études, qui participa récemment à un colloque organisé par l'Université de Rouen auquel j'assistais. Il y présenta une communication précise, détaillée, scientifique et rigoureuse tendant à montrer que la France est moins spécifique dans ses pratiques de la laïcité, moins exceptionnelle qu'on ne veut bien le dire et qu'il y a d'autres pays européens qui se rapprochent de son fonctionnement pour ce qui touche aux rapports entre ce qu'on appelait autrefois le spirituel et le temporel, même si le cadre institutionnel diffère du cadre français. Il existe en effet d'autres modèles européens, notamment le modèle belge, où la laïcité n'est pas englobante comme elle l'est en France : en France, on a affaire d'une part à une option philosophique et d'autre part à un cadre juridique englobant, où tout ce qui concerne l'État, ses services, l'administration est soumis au principe de la laïcité. Au contraire, en Belgique, où l'emporte le système de « piliers » ou de « pilarisation », la laïcité est une option au même titre que les autres options spirituelles. On a donc un cas radicalement différent. Ce qui est peut-être propre à la France, c'est précisément l'importance qu'elle accorde à cette question de la laïcité, notamment de la laïcité scolaire, qui peut faire descendre dans la rue des milliers de personnes quand on estime qu'elle est menacée - je pense à la manifestation de janvier 1994, lorsque s'est livrée une bataille à front renversé autour d'un article de la loi Falloux que l'on voulait supprimer. C'est encore une certaine manière d'accorder une importance quasi-mythique à une loi, celle de 1905, qui a aussi été - certains historiens s'évertuent vainement à le répéter - une loi de circonstance ; ce qui montre l'importance quasi-mythique accordée à cette loi, c'est qu'on ne cesse de demander si on peut la changer, alors qu'elle l'a été déjà dix fois ! C'est une question qui ne se poserait pas si les gens connaissaient mieux l'histoire de la laïcité et l'histoire des rapports entre l'État et les cultes.

MOHAMMED ARKOUN : On s'accorde à considérer que la laïcité est une exception française. Soit ; mais cette exception ne présente pas que des avantages et exige un examen critique. Il faudrait préciser la différence des enjeux doctrinaux, intellectuels et politiques de cette laïcité et de ce qu'on appelle sécularisation dans la pensée et la culture anglophones. On se contente trop souvent de rappeler que les concepts et les pratiques renvoient à des attitudes différentes comme le montrent clairement l'affaire du voile et celle des caricatures. La laïcité apparaît comme l'instance de l'autorité intellectuelle qui fonde la légitimité de la République, notamment dans l'exercice des pouvoirs législatif, exécutif, judiciaire et éducatif. La République assume le monopole de l'enseignement public gratuit, obligatoire et laïc. Elle contrôle le système éducatif à ses divers niveaux : formation et nomination des maîtres, définition et mise en pratique des programmes sous le contrôle des inspecteurs généraux représentants le ministre de l'éducation nationale. Le contrôle national s'étend à l'enseignement privé, ce qui donne lieu à des confrontations sévères dans la rue (voir l'expression déterrer la hache de guerre).

Une des conséquences les plus marquantes de cette exception française est que sous prétexte de neutralité laïque, la recherche et l'enseignement du fait religieux ont été négligés au point de créer un grand vide d'informations élémentaires et de connaissances scientifiques pour tout ce qui touche au domaine religieux. Cette remarque s'étend au christianisme et au judaïsme pourtant très présents en Europe depuis vingt siècles. On mesure aujourd'hui l'étendue des conséquences d'un choix politique souverain et réaffirmé avec détermination dans la constitution de la Ve République. Autrement dit, si la distanciation critique du fait religieux et des formations idéologiques en général est un acquis précieux de l'attitude laïque, il reste que la neutralité a consisté à occulter une domaine de la réalité et des forces de production de l'histoire liés au fait religieux. On se plaint aujourd'hui de ne pas trouver de maîtres qualifiés pour enseigner le fait religieux ; au lieu de remédier avec empressement à une carence avérée et programmée depuis la troisième République, on l'utilise comme alibi pour continuer à traiter des conflits en cours dans l'ignorance perpétuée à l'égard des implications philosophiques, culturelles, politiques des conduites croyantes et des menaces communautaristes depuis une trentaine d'années.

C'est un fait d'observation quotidienne que la proclamation n'aide pas les croyants de toutes confessions et singulièrement, les musulmans à avoir un regard interrogatif et critique sur les diverses expressions de ce qu'ils appellent leur foi. La théologie est précisément la discipline appropriée à la quête de ce que la pensée chrétienne appelle depuis le Moyen Âge la foi en quête d'intelligence (*fides quaerens intellectu*). Or l'enseignement académique de cette discipline est banni de l'école laïque. Ce scandale intellectuel continue à s'imposer, alors qu'on dénonce avec indignation les réactions régressives des musulmans devant des formes de liberté d'expression comme dans le cas des caricatures ou des *versets sataniques*. Où des musulmans pourraient acquérir aujourd'hui la culture critique nécessaire pour comprendre et partager le rôle capital de la caricature et du roman précisément dans l'exercice plénier des libertés démocratiques ? Force est de constater que la République laïque renonce ici à ses obligations constitutionnelles en privant les citoyens des espaces publics de débats et d'information scientifique sur l'exercice des cultes et des croyances religieuses en contextes de modernité laïque et critique. On sait pourtant que dans ces contextes, les impacts de la culture de l'incroyance et de la pensée jetable sont omniprésents et sans limitation. J'ai poussé ce cri d'alarme en 1989 lors des confrontations violentes au sujet des *versets sataniques*. Nous sommes en 2006 et le ministère de l'intérieur continue à donner une haute visibilité politique aux gestionnaires musulmans des cultes, mais pas aux animateurs laïcs de la pensée critique moderne qui vise à combler les carences et les vides générés par les expressions régressives de l'islam contemporain. Dans mon enseignement à la Sorbonne pendant 32 ans, j'ai pu mesurer la montée des ignorances agressives même chez des étudiants censés ouverts aux méthodes de la connaissance scientifique.

Le fait religieux nous renvoie aux fonctions symboliques et aux thématiques anthropologiques des religions dans toutes les sociétés humaines. Or la pensée laïque a réduit la complexité du fait religieux au compromis juridique de la séparation de l'Église et de l'État. Cela a sans doute permis de réduire les heurts entre les groupe religieux dans l'espace citoyen ; mais cet acquis important a été accompagné par l'expansion des ignorances au sujet des rôles irréductibles des religions dans l'existence et la construction de chaque sujet humain. Tout en apaisant les conflits sur les « valeurs » et les croyances religieuses, la pensée laïque a perdu de vue les tensions intellectuelles éducatives entre l'instance de l'*autorité* spirituelle et morale (l'ancienne *auctoritas*) et l'instance du pouvoir politique (*potestas*). Il s'agit là de deux lieux fondamentaux de la construction des légitimités politiques, juridiques, éthiques et cognitives. L'expansion de la culture de l'incroyance aidant, on peut parler aujourd'hui d'un immense impensé dans la pensée politique française brusquement confrontée à ce fait religieux sous ses expressions de revendications identitaristes sans lien avec la vie religieuse proprement dite. Le concept de fait religieux est d'usage récent ; il renvoie justement à la nécessité d'ouvrir enfin des possibilités de recherche et d'enseignement que la science positiviste du XIXe siècle avait réduits à une érudition historico-critique qui renvoyaient les croyants à des champs de ruines vidés de repères essentiels de toute quête de sens, de valeur et de cohérence qui construisent le sujet humain responsable. Tout cela génère des manques, des déséquilibres, des crises de sens dont nous mesurons de plus en plus les conséquences dans la vie quotidienne.

Au XIXe siècle, les travaux orientalistes sur les grands textes de la croyance musulmane ont eu peu de relais dans les écoles en terre d'islam ; quant aux universités, elles étaient des bastions de rejet et de stigmatisations des sociétés « primitives », « archaïques », conservatrices, régressives, sous-dévelopées, sans histoire, sans écriture...; elles le demeurent encore aujourd'hui. En ce temps-là, la France comme tous les pays et toute la pensée européenne, avait un regard ethnographique sur toutes les religions de la terre et en particulier sur l'islam qui était sociologiquement réduit (850-1350). Le combat qui a eu lieu jusqu'à présent entre la laïcité en France et le christianisme n'a pas du tout tenu compte de ce que représente sur le plan philosophique et théologique, les expressions des autres traditions religieuses dans le monde. C'est pourquoi toute extension de l'attitude laïque à d'autres cultures se heurte à des incompréhensions et des résistances tenaces et souvent obtuses. Cela reste vrai aujourd'hui même en Europe et en Amérique du Nord dont on connaît les réactions sur la loi qui règlemente le port des signes religieux à l'école. La souveraineté politique de l'État français s'est exercée sans limite jusqu'en 1962 en Algérie ; les jeunes français ne le savent plus, car on ne leur rappelle pas. Faute de scolarisation suffisante et adéquate, la culture laïque n'a guère touché la population algérienne pourtant très réduite (8 millions seulement en 1960). Le moins que l'on puisse faire aujourd'hui, c'est d'être un peu modeste intellectuellement d'abord, scientifiquement ensuite, avant de proclamer toujours une spécificité française à cet égard ; et avant aussi de parler de la question des modèles. Quel modèle ? Celui de la gouvernance des sociétés humaines ? Ou de la construction des légitimités politiques et juridiques ? Ces questions restent ouvertes aux débats dans les crises de la démocratie représentative et des légitimités politiques telles que nous les vivons depuis le 11/9/2001 en particulier. Quand les électeurs zappent à chaque élection, la légitimité se disloque et s'oublie ; il n'y a plus de communication créatrice de valeurs entre les citoyens appelés à respecter les lois et les pouvoirs législatifs, judiciaires et exécutifs qui font et appliquent les lois. L'État, comme je l'ai indiqué plus haut, ne donne pas à tous les citoyens les outils intellectuels et les informations nécessaires pour analyser les enjeux du vote qu'on lui demande d'exprimer. Si on était exigeant à l'égard de la légitimité politique, la guerre de conquête de l'Irak par les États-Unis n'aurait pas eu lieu.

MICHEL WARSCHAWSKI : Ayant le privilège de parler de la France avec un certain regard extérieur mais qui a neanmoins ses racines dans ce pays, je dirais qu'à mes yeux mais aussi vu du point de vue d'autres cultures et d'autres expériences constitutionnelles, ce qui fait la spécificité français, et il y en a une, est moins dans le rapport de l'État et de la religion, dans la séparation de l'Église et de l'État que l'on trouve sous des formes diverses dans beaucoup de pays du monde, mais plus dans la définition de la nationalite et dans le rapport citoyenneté/nationalité. D'ailleurs on a là tout un problème de traduction et le concept de « nationalité » tel qu'il est utilisé en France et dans les pays Anglo-saxons n'est pas le même. La nationalité française est définie par rapport à la citoyenneté. Non seulement elle n'a rien à voir avec l'origine ethnique mais refuse précisément tous liens avec l'origine ethnique, culturelle ou autre. Je pense que c'est là où réside la spécificité française, à savoir de ne considérer le citoyen ou la citoyenne que comme un individu. Lorsque madame Badinter s'oppose à la parité et aux quotas, elle est dans la logique ultime de cette spécificité française. Il n'y a pas d'homme et de femme, de groupes de genre, de religion, de culture ou de région, il y a un ensemble de soixante millions d'individus. Il est très difficile, en Angleterre ou aux États-Unis, dans le monde arabe ou en Israël, de comprendre cette spécificité française. Une anecdote pour comprendre ce qu'elle signifie à travers un regard israélien : il y a quatre ans, une délégation de français d'origine juive et de français d'origine maghrébine avait décidé de faire une mission d'observation en Palestine et en Israël. J'ai eu la chance de les accompagner à l'aéroport car on savait qu'il risquait d'y avoir des problèmes à la sortie du pays. Lorsque notre bus s'est arrêté un jeune soldat entre dans le bus et je lui dis que ce sont tous des touristes français. Il regarde et me répond : « celui-là aussi ? Il a l'air arabe ». Il lui demande son passeport. Puis à un autre « il a l'air juif » et il lui demande son passeport. Et ainsi de suite. Alors il me regarde et dit « il n'y a plus de vrais français ? ». Pour lui il y avait un problème. Il ne comprenait pas que l'on était français, un point c'est tout. Notre soldat n'avait pas les outils qui lui permettaient de comprendre cette réalité et donc, pour lui, cela allait très mal en France…

Jacqueline Lalouette : Je voudrais revenir sur une phrase prononcée par Mohammed Arkoun, à qui je m'adresse ; d'après vous, en organisant la laïcité française, on n'a pas tenu compte de ce que vous appelez « l'expérience humaine du divin ». Il est sûr que ce n'est pas une omission, une distraction ou une négligence. À la fin du XIXe siècle, une partie de la grande famille idéologique laïque ne veut pas entendre parler de ce « divin ». Il ne faut pas oublier que Jules Ferry disait que son but ultime était d'organiser l'humanité sans Dieu ni roi, paroles rapportées par Jean Jaurès dans sa préface aux discours parlementaires ; ne pas oublier, non plus, que, moins d'un an après le vote de la séparation, René Viviani a déclaré à la Chambre des députés, le 8 novembre 1906 « nous avons éteint dans le ciel des lumières qu'on ne rallumera plus ». Donc, lorsqu'on parle de l'histoire de la laïcité en France en la plaçant toujours sous le signe du seul libéralisme et de la tolérance ou de la liberté de conscience - pour le dire vite -, on a tendance oublier tout une partie du combat qui a été mené et qui lui n'a pas été mené seulement sous l'angle institutionnel et juridique, mais aussi sous l'angle philosophique, avec une certaine prudence, néanmoins, car il fallait veiller à ne pas heurter l'opinion publique à ce moment-là.

ISABELLE LESPINET : Nous allons maintenant parler de la radicalisation à la fois des pratiques religieuses mais aussi de la place de la religion dans la vie politique aujourd'hui et l'une des pistes de réflexion est sans doute le fondamentalisme américain tel qu'on l'a vu se renforcer avec la guerre d'Irak.

MICHEL WARSCHAWSKI : Je crois qu'on est confronté à un double phénomène : l'un est un phénomène de société et l'autre est un phénomène plus proprement politique qui s'adresse à la sphère politique et à la sphère d'État. Nous vivons à travers le monde entier une crise des valeurs universalistes, des mouvements qui ont porté ces valeurs, des espoirs portés également par ces valeurs et cette crise ouvre souvent la voie à un très grand vide, en particulier dans la jeunesse, et pas seulement dans les pays riches. On trouve souvent une jeunesse désarçonnée, privée d'un cadre de réflexion et de repères, qui ont été ceux de nos générations. Elle recherche par exemple dans les philosophies de l'extrême-orient mais aussi dans leurs propre racines, un cadre de référence qui donnerait une cohérence à leur vie et leur identité. C'est un phénomène qui touche toutes les grandes cultures, en tout cas celles que je connais le mieux : les cultures juive, chrétienne et musulmane. Et ce « repli » vers l'identitaire, vers les racines - qui peut aller jusqu'a un intégrisme des racines - est un phénomène qui doit nous préoccuper parce que, entre autre, il tourne le dos à l'idée d'universel. J'ajouterai que l'on retrouve aussi dans la communauté, depuis la famille élargie jusqu'à la communauté nationale ou la tribu, une sécurité que l'État, qui au cours des dernières décennies avait pris sur lui d'être responsable de ses citoyens et d'organiser la solidarité, n'est plus prêt a assumer ; l'État-social traverse une crise très grave suite a une politique de dérégulation : on ne peux pas comprendre l'impact de certains partis confessionnels ou religieux dans différents pays du monde si on ne sait pas qu'ils essayent souvent avec succès d'être un substitut à ce que l'État ne fait pas : les services sociaux, l'éducation, la santé etc.

Ma seconde remarque concerne plus précisément les États. Il y a un renforcement spectaculaire de l'intégrisme dans le sens classique du terme à savoir la religion qui prend une place de plus en plus légitime dans le champ politique et qui revendique un rôle politique. Ce phénomène ne concerne pas uniquement les théocraties où c'est une évidence, mais aussi des pays qui se définissaient comme laïcs, ou en tout cas républicains, démocrates. L'impact de cet integrisme qui défend un projet de société et un projet politique découlant de leur philosophie religieuse devient de plus en plus fort. Cette tendance s'est mondialisée par le discours du clash civilisationnel, par la division Bushienne du monde autour de l'axe du bien et du mal. Lorsqu'on entre dans ces concepts du bien et du mal, on sort du concept du droit et on entre alors dans une logique religieuse même si c'est une religion laïque. Chez le Président Bush, c'est une religion qui n'est pas laïque, puisqu'il s'appuie sur un dialogue qu'il conduit régulièrement avec le bon Dieu ; dans cette logique on verra un renforcement encore plus grand, je le crains, de ces replis, au niveau des sociétés, des individus, des groupes, vers leur appartenance identitaire. Si on est dans le clash des civilisations, il faut alors protéger sa civilisation. Ma civilisation, et pas l'universel, ma religion et pas l'universel, seront le cadre de référence et des valeurs du bien que je défendrai face à celui qui les menace.

JACQUELINE LALOUETTE : Sur la radicalisation des pratiques religieuses, si on regarde, non pas le monde musulman - que je ne connais pas ou que je connais seulement de manière superficielle - mais le monde chrétien, il est sûr que l'on assiste depuis plusieurs décennies à une forme de radicalisation de certaines pratiques ou de certaines formes de piété : à l'intérieur même du monde chrétien, on peut constater qu'il y une multiplication de communautés charismatiques. Si on prend l'exemple de la Fédération protestante de France, on sait que ce ne sont plus les Luthériens ni les Réformés qui sont majoritaires, mais des communautés évangéliques, au sein desquelles l'irrationnel est assez fort et présent. Ceci amène à un constat (sous forme de boutade) : « on a voulu chasser le religieux par la porte et il est rentré par la fenêtre » et il est rentré par la fenêtre avec des formes et des formules peut-être plus inquiétantes que celles qu'il avait auparavant. Ce constat amène quasi-logiquement à reposer la question formulée par Mohammed Arkoun, à savoir la place du religieux dans l'anthropologique. Cette question peut apparaître provocante pour un certain nombre de personnes, mais on ne pourra pas l'éviter indéfiniment. Au XIXe siècle, cette question se posait au moment où montaient les grandes forces de la laïcité. Il y a eu un grand débat entre philosophes et anthropologues autour de cette question : « l'homme est-il oui ou non un *homo religiosus* ? ». S'il l'est, il faut en tenir compte et s'il ne l'est pas on bâtit les sociétés différemment. C'est une question fondamentale.

Ce qui est certain, lorsqu'on voit l'évolution de la religion récente à l'intérieur du monde occidental, c'est qu'on a l'impression que dans un monde qui est à la fois laïcisé et sécularisé - les deux choses étant distinctes -, matérialisé, « marchandisé », où tout semble commercialisé et « commercialisable », on dirait que le religieux est revenu par des chemins détournés, où la raison n'intervient plus, ou intervient beaucoup moins, alors que dans les grandes religions monothéistes la démarche rationnelle est présente. Par exemple, on ne peut pas dire que chez Saint Thomas d'Aquin il n'y a pas de démarche rationnelle. Il faut distinguer le rationnel et le rationalisme.

ISABELLE LESPINET : Pour rebondir sur la raison, j'ai trouvé cette opposition entre une raison émergente et une raison religieuse en vous lisant Mohammed Arkoun.

MOHAMMED ARKOUN : La question humaniste a disparu de l'horizon français, européen, américain, alors qu'elle a hanté la pensée européenne très fortement depuis le XVIe siècle. La « Mort de Dieu » puis celle de l'homme et du sujet humain, ont été successivement proclamées depuis Nietzsche jusqu'à Michel Foucault. L'écroulement du communisme a laissé un grand vide idéologique. On a proclamé la fin de l'histoire en 1989. Aucun horizon de sens et d'espérance n'est offert depuis pour motiver l'action historique des citoyens. Il reste le libre marché. Nous y sommes; nous vivons ses violences implacables. Et l'on tourne en dérision les peuples attardés à l'espérance en Dieu et aux enseignement des religions traditionnelles maintenues à l'abri de tout examen critique. On se sert même des armes les plus sophistiquées pour éradiquer les terrorisme international lié surtout à ce qu'on nomme globalement l'islam. Il est vrai que ce sont des musulmans qui prennent leur religion en otage pour couvrir les atrocités terroristes. Mais dire cela unilatéralement n'est ni objectif, ni équitable, si on n'analyse pas les stratégies géopolitiques des grandes puissances pour le contrôle monétaire, économique et idéologique entraînant la dépossession du reste du monde.

Le fameux retour du religieux dont on parle partout a lieu après l'échec de la religion laïque athée marxiste. Raymond Aron a longuement stigmatisé les ravages de la religion séculière laïque; mais avec les flux quotidiens d'informations, on oublie tout; les meilleures pensées sont ensevelies sous les bavardages assourdissants des acteurs sociaux les plus divers et les moins préparés à la réflexion critique. Nous sommes dans la société des mises en scène des pouvoirs politique, économique, religieux, artistique, éducatif; et tous produisent de la *pensée jetable* véhiculée, banalisée par les médias et les gestes de la vie quotidiennees. Les volontés de puissance ne cessent d'escamoter la question du sens, tout en produisant des effets de sens à l'aide des mises en scène des différents niveaux et lieux de pouvoir. Et il y a tant de problèmes auxquels nous avons cessé de réfléchir parce qu'on nous répète qu'ils sont ou seront résolus par la science. Tout cela cependant est vrai pour l'Occident où se sont succédées les grandes révolutions scientifiques. Hors de l'Occident, il y a des peuples comme le Japon et aujourd'hui la Chine et l'Inde qui entrent dans la grande compétition économique, technologique et monétaire ; mais le reste du monde régresse vers des oppressions politiques, des obscurantismes qualifiés à tord de religion, des gesticulations idéologiques qui favorisent toutes sortes de subversions violentes et de désordres sémantiques et sociaux, sans parler des exclusions sociales et économiques.

Il y a ainsi des programmes de travail qui se multiplient devant nous, sans que soit assurée au plus grand nombre l'acquisition des outils de pensée adéquats pour les exécuter. On s'éloigne de l'exercice de l'esprit critique vis-à-vis des maquis idéologiques qui obstruent partout les espaces de circulation non de la parole de vie, mais des discours manipulateurs, aliénants, nourris d'ignorances données à vivre comme des certitudes. On a l'habitude d'inscrire tout cela au passif des religions obscurantistes qui font un retour barbare jusque dans les sociétés les plus civilisées. On s'accorde à dire que le christianisme qui fait partie intégrante de l'histoire des sociétés modernes et riches échappe de plus en plus aux errements communs des périodes prémodernes. Mais il réussit mal à proposer des modes efficaces de résistances aux dérives en cours des sociétés du spectacle, de consommation et d'exclusion. Faute de place pour en dire plus sur ces aspects du retour des religions dans l'histoire en cours, je renvoie à mon dernier livre que j'ai osé intituler *Humanisme et Islam.* Accoler le beau mot d'humanisme à celui d'islam apparaîtra à beaucoup comme une provocation prétentieuse, voire intolérable. Qu'on le lise et qu'on y regarde de près : on y trouvera l'analyse critique la plus radicale des héritages intellectuels et culturels de l'Europe chrétienne, puis laïque et moderne d'une part et de l'autre, la présentation intellectuellement subversive de cet islam qui ressurgit comme protagoniste permanent de l'histoire de l'espace méditerranéen depuis 632. Malheureusement, les règles implacables qui font prévaloir la pensée jetable sur la pensée réfléchie a fait que ce livre depuis sa parution en mars 2005 n'a retenu l'attention d'aucun journaliste, aucun intellectuel, aucun chercheur ni du côté du monde francophone, encore moins - mais il y a l'obstacle de la langue - du côté du monde musulman.

Isabelle Lespinet : Je voulais que l'on s'interroge aussi sur la question des rapports entre la violence, l'État et la religion avec Michel Warschawski.

MICHEL WARSCHAWSKI : J'ai une grande difficulté à parler de la religion. Qu'est-ce que le dénominateur commun des religions ? En étudiant un peu le bouddhisme, j'ai découvert que même Dieu n'est pas le dénominateur commun de toutes les religions, car il existe des religions sans Dieu. Mais j'irai plus loin : je ne crois pas qu'on peut parler, comme on a trop tendance à le faire ces derniers temps, de LA religion musulmane ou de LA religion catholique etc. On peut trouver dans ces cultures religieuses qui ont une très longue histoire tout et n'importe quoi. « Le christianisme est une religion de paix », dit-on. C'est vrai, à un certain moment de l'histoire, faux à d'autres ; oui, c'est une religion qui prêche la paix, dans certaines exégèses et dans certains textes mais c'est une religion de croisades et de guerres terriblement meurtrières dans d'autres. Il en est de même de l'islam ou du judaïsme. Qu'est-ce que c'est que le judaïsme ? Le prophète Amos qui prêche la justice sociale, la paix, la coexistence ou Josué qui mène une guerre d'épuration ethnique et de massacre ? C'est l'un et c'est l'autre. Cela change selon l'esprit du temps qui dépend, entre autre, du rapport de force : comme par hasard chaque fois qu'une religion est celle d'une minorité, elle est une religion pacifique, une philosophie qui prêche la paix ; mais lorsqu'elle se renforce, qu'elle possède le pouvoir et qu'elle devient hégémonique, elle peut devenir - mais pas forcément - une religion offensive donc parfois guerrière, qui utilisera la violence pour des intérêts qui sont ceux des populations concernées, ou plutôt de certains groupes dans ces populations concernées. En ce sens-là, je ne vois pas dans la religion, dans telle ou telle religion, une source de violence. Je crois qu'on peut utiliser d'autres idéologies que certains appelleraient des « religions laïques » si l'on veut, pour justifier, porter, donner un cadre idéologiques, voire éthique à des guerres de conquête, à des relations de dominations et de violences par rapport à l'autre. Nous sommes aujourd'hui dans un contexte global qui ouvre la voie - qui l'a ouvert depuis déjà pas mal de temps - à une nouvelle place de la religion dans ce discours guerrier. Et de part et d'autre. Lorsque le politologue Gilbert Achcar utilise le concept de « choc des intégrismes » il fait référence certes à l'intégrisme musulman d'Al Quaïda, mais aussi à celui de George W. Bush - qui n'est pas forcément son intégrisme protestant mais plutôt son intégrisme politique, sa conception du monde, avec ou sans religion derrière. Nous sommes dans une réalité du « choc des intégrismes » qui précisément ouvre une large avenue aux exégèse et aux interprétations violentes, agressives des religions diverses. Dans ce cadre-là, je voudrais faire une remarque : il y a un concept qu'on utilise de plus en plus dans votre pays, un concept qui me fait peur ou en tous les cas qui me gêne : celui de civilisation judéo-chrétienne, en particulier à l'ère du choc des civilisations. En général, lorsqu'on fait une alliance, quand on prend deux mots et que l'on place un trait d'union au milieu, c'est toujours contre quelqu'un ou contre quelque chose. Si on est dans la civilisation judéo-chrétienne, il y en a d'autres qui n'appartiennent pas à ce camp. Aujourd'hui on utilise ce concept pour définir l'autre de l'Europe, l'autre de la France qui n'est pas judéo-chrétien, à savoir le Musulman. Cette nouvelle alliance provoque pour beaucoup de mes corréligionnaires ici en Europe cette idée : « enfin, on n'est plus l'autre » ; on l'a été pendant deux mille ans, on est maintenant enfin dans le « nous » collectif, à tel point qu'on est même prêt à se mettre en première ligne dans ce choc des civilisations, aux avant-postes de la judéo-chrétienté contre l'autre qui est devenu ou redevenu l'autre musulman. Ceci est d'ailleurs à la fois une aberration historique et un grand danger. Une aberration historique parce que s'il y a une civilisation « judéo-chrétienne » celle-ci s'est scellée dans le sang. Durant ces deux derniers millénaires, cette « civilisation » a été en fait de longues périodes de massacres, de Pogroms, d'expulsions, qui s'achèvent par le plus grand de ces massacres : le génocide des juifs d'Europe, il n'y a pas si longtemps que cela. C'est cela la civilisation judéo-chrétienne. Alors qu'au contraire, une véritable civilisation judéo-musulmane a existé : à Cordoue et à Grenade, dans cette Andalousie, où ont été écrites pendant près de sept siècles de merveilleuses pages de civilisation, de coexistence, de création d'une culture judéo-musulmane et partiellement chrétienne. *Le rêve andalou*, c'est le titre d'un de mes livres, c'est ma religion, ce à quoi je crois, ce vers quoi j'aspire et j'essaye de convaincre d'autres à le faire. Une aberration historique qui est aussi extrêmement dangereuse pour les juifs d'Europe, car pour certains, et je parle en particulier de certains courants intégristes protestants aux États-Unis, il y a derrière le positionnement des juifs en première ligne de la guerre contre l'islam, un projet cynique, enraciné dans un antisémitisme théologique très ancien : de béliers dans la guerre contre l'islam, ils pourraient facilement devenir un jour les bouc-émissaires, et ces intégristes n'hésiteront pas à les mettre à la poubelle, sans grands états d'âme. Alors il faut se garder de jouer avec la religion et de recréer des alliances dont le support n'est pas la religion elle-même mais un cadre politique beaucoup plus global.

JACQUELINE LALOUETTE : J'ai souvent entendu cette expression de « judéo-chrétien » ou « judéo-chrétienne », non pas pour former un nouveau « nous », un nouveau collectif face à un autre groupe, qui serait l'ennemi, mais pour discréditer à la fois la civilisation et la religion juives et la civilisation et la religion chrétiennes. Souvent dans « le camp laïque » - là encore pour parler vite - on emploie cette expression pour rejeter l'un et l'autre et non pas dans le sens qui vient d'être dit, mais qui existe sans doute.

Sur la question violence/État/religion, la pire situation se trouve quand l'État prête sa force à la religion pour l'aider à faire triompher sa vérité ; la violence peut alors être physique ou intellectuelle, comme on le voit aujourd'hui aux États-Unis, où, dans un grand nombre d'écoles, il faut enseigner les thèse fondamentalistes, parallèlement aux autres thèses, notamment pour tout ce qui a trait à la création du monde.

MOHAMMED ARKOUN : René Girard a écrit deux ouvrages qui ont fait beaucoup parler d'eux sur une théorie anthropologique de la violence en liant la violence au sacré - c'est le titre de son livre. Ensuite, il a écrit un autre livre sur la rivalité mimétique qui explique comment déjà un frère et une sœur ou deux garçons qui ont un jouet chacun de couleurs différentes veulent avoir le jouet chacun l'un de l'autre. Surenchère mimétique dans cette rivalité, origine de la violence. Sa théorie aboutit au fait que selon lui le christianisme a brisé, cette dualité, ce binôme de la violence et du sacré. Dans sa théorie il laisse de côté une autre dimension qui fait partie intégrante du fonctionnement du binôme violence/sacré. A partir d'études faites sur les textes religieux, je vise ce que j'appelle « le triangle anthropologique » : violence, sacré et vérité. C'est le régime de vérité qui est utilisé dans toutes les formes de la pensée pour construire des légitimé fondées sur une vérité et non mille, et cette vérité « c'est moi qui l'ai, ce n'est pas vous ». Les autres disent la même choses bien sûr. La notion de vérité est inscrite dans les textes religieux fondateurs mais elle est aussi inscrite dans ce que les philosophes appellent la métaphysique classique de Platon jusqu'à Heidegger. Elle est donc inscrite dans toutes articulations de la vérité. On va alors plus loin dans l'analyse des ressorts humains où la violence est inséparable du fonctionnement du sacré. C'est par le sacré que la vérité reçoit un statut intouchable de sacralisation et ainsi il y a la dialectique qui traversent les trois pôles ou un trépied sur lequel est fondé toutes les sociétés humaines sans exceptions et notre société moderne n'y échappent absolument pas. Ce que nous vivons depuis le 11 septembre illustre cette théorie du « triangle anthropologique » que j'essaie d'enseigner face à celle de René Girard qui a mis la vérité à part parce qu'il voulait faire surgir la vérité avec le christianisme.

Même dans l'enquête anthropologique, alors qu'elle ne se permet jamais de faire une exception pour aucune culture ni système de pensée. Ils sont analysés avec les mêmes outils et il faut aboutir à englober tout l'humain, toutes les productions de l'humain pour risquer une théorie de la connaissance non pas de la connaissance non pas universelle mais plutôt universalisable. C'est dynamique, un processus de l'esprit qui se poursuit dans toutes les cultures, dans tous les systèmes de pensée et cela la modernité des Lumières ne l'a pas perçu, ne l'a pas connu. La deuxième modernité avec Nietzsche, Freud et Marx non plus. Cela signifie que nous entrons dans une troisième phase historique de ce que nous appelons la modernité. Et cette phase se développe dans une violence extraordinaire.

ISABELLE LESPINET : Pour conclure ce débat, je voulais également aborder la question enseignement/école/histoire et celle de l'enseignement dans la démocratie.

JACQUELINE LALOUETTE : Ce que nous appelons maintenant l'enseignement du fait religieux est inscrit dans les programmes d'histoire. Le problème est le manque de références qui permettraient à des jeunes de comprendre le fonctionnement profond de ce fait religieux. Un exemple précis : actuellement avec des étudiants de licence, j'ai un cours optionnel de travail sur la caricature politique récente. Récemment, ils étaient 32 à travailler sur un dessin de Plantu, daté de décembre 2003, au moment où la commission Stasi avait proposé d'instituer deux fêtes légales supplémentaires, une fête juive et une fête musulmane. Plantu, dans l'un de ses merveilleux dessins pleins d'esprit, avait représenté trois hommes couchés dans le même lit. L'un, qui était barbu, portait une sorte de calotte, le second, une Kipa ; mais, se demandaient les étudiants, qui était le troisième ? Ils voyaient bien que ce dessin mettait en scène trois religions, se doutaient que le christianisme était représenté, mais étaient incapables d'identifier le troisième homme, un évêque, parce qu'ils ne savaient pas ce qu'était une mitre. C'est un petit exemple, mais tout est comme cela. Allez parler à des étudiants de conflits politico-religieux aux XIXe siècle, de conflits dans les communes autour de processions de la Fête-Dieu, par exemple, mais ils ne savent pas ce qu'est cette Fête-Dieu. J'ai commencé à leur expliquer, mais ils ignorent ce qu'est un ostensoir, pourquoi l'hostie est ce qu'il y a de plus sacré pour les catholiques etc… On se heurte constamment à des réalités et à des mots, dont chacun appellerait une leçon de catéchisme, de théologie et de dogmatique. Dans ces conditions, comment parler de la civilisation occidentale si imprégnée de religion ? Comment enseigner la laïcité qui est un combat contre le religieux lorsque tous ces instruments manquent ? C'est un énorme problème.

ISABELLE LESPINET : Je vous remercie.

À Blois, le samedi 15 octobre 2005

Le protestantisme et l'Europe

Conférence de Rudolf VON THADDEN

Merci de m'avoir invité ; merci de m'avoir donné la chance de revenir à Blois, dans une région d'une partie de mes ancêtres, des protestants huguenots de Châtellerault qui ont quitté la France lors de la révocation de l'Édit de Nantes.

Vous m'avez demandé de parler du protestantisme et l'Europe dans le contexte du grand sujet « Religion et politique ». Je suis content que vous ayez abordé ce thème, mais je me demande parfois est-ce que nous, Français et Allemands, avons besoin de l'Islam pour nous rappeler ce que sont nos racines chrétiennes ? J'ai constaté qu'une bonne partie des étudiants à Göttingen, ville universitaire où j'enseigne, à environ mille kilomètres d'ici, lit maintenant le Coran sans connaître la Bible comme les gens spécularisés en France. Je ne suis pas contre cette lecture mais j'ajoute que ce n'est peut-être pas inutile de connaître la Bible. Comme il y a depuis la Réforme plusieurs sensibilités religieuses, pas seulement en Europe, cela vaut la peine d'étudier leurs traditions. Nous avons la même Bible mais il en existe des lectures différentes. Et ces approches différentes nous font du bien. Il ne faut pas qu'elles nous divisent. Je ne crois pas que les différences entre le protestantisme et le catholicisme soient plus grandes que celles entre la France et l'Allemagne. Ces différences peuvent même être une richesse.

Il faut, pour commencer, expliquer le titre, le protestantisme et l'Europe. Qu'est-ce que le protestantisme ? Qu'est-ce que l'Europe ? L'Europe pour la majorité des protestants est plus que l'Union européenne de Bruxelles. Celle-ci est et restera importante malgré le référendum en France et les oppositions qui existent aussi en Allemagne. Il y a de temps en temps, en effet, un besoin d'opposition mais le défi européen reste le même. L'Europe pour les protestants ne se borne donc pas à l'Union européenne parce qu'une grande partie du protestantisme européen se trouve en dehors de l'Union européenne. Pensez aux pays scandinaves (la Norvège ne fait pas partie de l'Union européenne et elle est protestante à environ 80%). Plus compliqué encore : il y a des pays qui font partie de l'Union européenne sans utiliser l'euro et d'autres qui sont membres de l'Union européenne mais sans faire partie de l'OTAN - l'inverse est vrai également mais c'est encore plus compliqué. En tous les cas, le monde scandinave est protestant : Norvège, Suède, Danemark, Finlande et puis aussi les pays Baltes - la Lettonie et l'Estonie. Ainsi, les protestants allemands pensent toujours à ces pays. Nous avons des Congrès protestants tous les deux ans, les « Kirchentag », plus de cent mille personnes y assistent parmi lesquels des Français mais aussi une grande partie de Scandinaves. La langue n'est pas pour eux un problème car on passe plus facilement du suédois à l'allemand que d'une langue latine à l'allemand. L'orientation des protestants est très marquée vers le Nord et vers l'Est y compris les Polonais - qui sont tout sauf protestants. Cependant, je constate que de plus en plus de Polonais participent à ce Congrès. N'oublions pas les Tchèques à mi-chemin entre les Français et les Allemands : proches des Français à cause du laïcisme et proches des Allemands parce que la préhistoire de la Réforme de Luther s'est déroulée en Bohème. Voilà pour la perception de l'Europe dans les yeux de la majorité des protestants allemands.

Qu''est-ce que les protestants ? La réponse ordinaire est qu'il y a des luthériens et des réformés, mais on oublie souvent que lLuther et Calvin ont eu la même théologie. Nous avons des tempéraments religieux différents dus à nos tempéraments de Français et d'Allemands : Luther était très allemands et Calvin était très français mais ils avaient la même théologie. Je dirais même que c'est le premier grand couple franco-allemand. Il faut lire la correspondance entre ces deux hommes qui s'écrivaient en latin. Calvin a fait un très beau voyage en Allemagne pour nous connaître. Il a voulu assister à un Reichstag, diète en français, il l'a décrit et voilà ce que les réformateurs français disaient des Allemands, je cite de mémoire : « les Allemands sont peut-être de bons théologiens mais parfois ils sont trop sérieux pour réaliser l'engagement politique qui est nécessaire à côté ». Je trouve cela plutôt juste et c'est sans doute pour cette raison que nous, Français et Allemands, nous nous complétons. Luther a fait beaucoup de théologie mais les grandes stratégies de l'époque de la Réforme ont été conçues par Calvin. Le protestantisme en Hongrie, en Ecosse, partout, en a profité. C'est seulement à la fin du XIXe siècle que l'on arrive à faire la distinction entre calvinistes et luthériens. Je rappelle cette histoire pour dire que dès le début le protestantisme a été très européen. Le protestantisme a des expressions nationales,certes, mais il y a toujours eu une perspective européenne et puis ensuite au-delà de l'Europe ouisque les États-Unis ont etés façonnés essentiellement par les protestants.

L'histoire du protestantisme est plus formée par une pensée européenne qu'on ne le pense aujourd'hui mais cela ne suffit pas pour le décrire. Voici quelques idées simples issues d'un texte que j'ai rédigé dans un bulletin de la société de l'histoire du protestantisme au début de l'année, qui décrivent le profil du protestantisme. 1) Le protestantisme est plus ancien que l'État-nation mais il a participé de façon déterminante à son développement. Il n'est donc pas une forme religieuse de la modernité. L'État moderne est une chose, le protestantisme en est une autre bien qu'ils se rejoignent de temps en temps. 2) Le protestantisme est lié à l'avènement du monde moderne mais sans s'identifier à lui. 3) Le protestantisme a contribué de façon majeure à l'émergence du monde moderne en mettant davantage l'accent sur les caractères séculiers du monde. Pour dire plus simplement : le bon Dieu a d'abord crée le monde, après il a crée les peuples, après il a permis la naissance du christianisme. Donc le monde dans lequel nous vivons n'est pas fait pour le triomphe du christianisme ; le monde séculier a une dignité propre. Les Chrétiens devraient savoir qu'ils ont une chance de jouer un rôle dans le monde séculier mais qu'ils ne sont pas faits pour triompher ; cela rend modeste.

Trois autres thèses, cette fois, concernant l'Europe. 1) Pour les protestants l'Europe n'est pas la simple addition des États-natiuons qui la composent. 2) Pour les protestants l'Europe existe avant tout par la diversité de ses cultures. 3) Pour les protestants l'Europe ets davantage que l'Occident chrétien. Le nouveau testament a été rédigé en grec, par conséquent chez Luther et les autres réformateurs, il y avait une volonté de remonter aux sources et l'authenticité du nouveau testament écrit en grec était pour eux plus grande que la vulgate latine. Il y a déjà une distance par rapport au catholicisme ; cette redécouverte des sources grecques de notre foi chrétienne a ouvert un autre monde qui fait partie de l'Europe sans faire partie de l'Occident européen, c'est le monde orthoxe : la Grèce elle-même et la tradition byzantine grecque orthodoxe, la Serbie et en dernier lieu la Russie. Par conséquent, chez Luther on trouve déjà des phrases disant qu'il ne faut pas perdre de vue les Chrétiens en dehors de notre Europe latine ou plutôt notre Europe formée par l'Église romaine. Il n'était pas dès le départ opposé à l'appartenance à l'église romaine mais il a voulu élargir la perspective. Par conséquent, les protestants allemands insistent aujourd'hui sur l'appartenance des Russes à notre famille chrétienne, malgré les expériences faites avec la Russie au cours de la Seconde Guerre mondiale. Il y a des racines beaucoup plus profondes que le XXe siècle. Les Russes sont plus proches pour les protestants, bien que du point de vue théologique ce ne soit pas le cas parce que les Grecs orthodoxes n'ont presque pas de théologie alors qu'il:s ont beaucoup de liturgie. Trois dernières thèses concernant l'actualité : 1) Quiconque souscrit à l'unification de l'Europe s'ouvre également à une pensée œcuménique. Nous ne pouvons pas nous engager pour l'Europe sans nous ouvrir à une pensée œcuménique. On l'oublie assez souvent mais si nous voulons rompre avec une pensée nationaliste nous devons rompre aussi avec une pensée confessionnaliste. 2) Quiconque souhaite que les citoyens s'impliquent davantage dans l'Union européenne doit aussi exiger que les laïcs s'investissent davantage dans les églises d'Europe. « Laie » en allemand est autre chose que « laïc ». Luther savait la traduction de la Bible difficile car les mots cachent toujours quelque chose et parfois des concepts différents. 3) Quiconque souhaite que les églises soient davantage présentes dans l'univers européen ne peut pas refuser que l'univers européen pénètre plus largement dans nos églises.

Je constate avec douleur que nous n'avons toujours pas de Synode protestant en Europe. Peut-être arriverons-nous un jour à avoir un Synode ensemble, avec les catholiques. Mais le commencement devrait être marqué par des Synodes protestants. Comment voulez vous que nous parlions avec des hommes politiques de Bruxelles à un même niveau, si nous n'avons pas une formation commune de nos idées sur l'avenir de l'Europe ? Il faut avoir d ela patience, de la persévérance. Et si les autres pays ne suivent pas, pourquoi ne pas commencer par une structure franco-allemande comme elle existe dans notre manuel scolaire d'histoire ?

Voilà les contours du protestantisme. Mais vous pourrez me dire que 80% sont identiques à ceux du catholicisme. Cela me ferait très plaisir même si j'ai essayé de la dire dans une perspective protestante.

On parle aujourd'hui partout de religion ou du « fait religieux » - c'est encore plus distancé. En tant que protestant j'ai consulté la Bible pour savoir si le mot « religion » y était écrit. Non. J'ai lu ensuite le Crédo qui nous est commun également. Le mot « religion » n'y figure toujours pas. On parle de la foi mais pas de la religion. J'ai lu les textes du grand théologien protestant Dietrich Bonhoeffer, un des grands résistants de la Résistance protestante contre Hitler, qui a parlé de « religionsloses Christentum », en français, un christianisme sans religion. J'avoue ne pas avoir compris au début, mais je comprends aujourd'hui que lui aussi s'était méfié de ce concept flou de religion. Pour lui, il y avait la foi. Un christianisme sans foi n'a pas de sens, mais un christianisme sans religion est envisageable. Je dis cela pour que vous ayez une contribution de la pensée allemande dans cette discussion, mais ce n'est pas pour rien que les Allemands ont inventé le « Begriffsgeschichte », l'histoire des concepts, et cela vaut la peine de prendre au sérieux le sens caché des mots.

J'en viens au laïcisme. Là aussi il y a une contribution protestante à la discussion. Elle consisterait à renouveler intellectuellement la discussion sur la laïcité. Cette notion étant tout aussi floue que celle de la religion, il importe de d'en préciser le contenu historique avant d'envisager sa portée politique. L'histoire n'est-elle pas la pédagogue de nos pensées ? La mémoire courte de nos acteurs politiques en France comme en Allemagne nous oblige à nous rappeler que le terme laïc, dans les langues latines, s'est chargé d'une signification anti-cléricale dans le contexte bien défini du catholicisme médiéval. Il renvoit pas opposition à l'existence d'un clergé qui revendique une fonction d'intermédiaire entre Dieu et les fidèles. Or la réforme protestante a bouleversé cette configuration et, en conséquence, modifié le sens profond de cette terminologie. Luther et Calvin ayant établi les principes du sacerdoce universel des fidèles, non seulement la fonction mais aussi l'essence même du laïc ont pris une autre signification. Dorénavant le laïc ne se distingue plus qualitativement du clerc par son rapport à la chose divine mais par sa moindre compétence à interpréter l'écriture. Il fait donc figure de non professionnel plutôt que le rival du clergé.

Ceux qui ont fait de l'allemand savent que le mot « Laie » qui a la même origine grecque - « laos » - que le mot laïc en français a pris un autre sens à cause de cet événement historique que j'essaie de vous rappeler. Le pasteur protestant se distingue du prêtre catholique. Ce dernier a un caractère sacré, il est l'intermédiaire entre Dieu et les fidèles ; le pasteur protestant est ce qu'on appelle en alllemand un « Lehrer », proche d'un professeur de lycée. Il est fait pour expliquer la Bible, pour en faciliter la lecture. Il doit avoir une connaissance universitaire, savoir le latin, le grec, pour mieux faire comprendre ce texte. Par conséquent un « Laie » ne peut pas être anti-clérical. C'est seulement quelqu'un qui a une moindre compétence que le pasteur dans l'interprétation de la Bible. Il faudrait donc traduire « Laie » en français par amateur, non professionnel. Quand les « Kirchentag » dont j'ai parlé plus haut se déclarent être une « Laienbewgung » ce n'est pas un mouvement laïc. Par conséquent, les Français comprennent mal que les Allemands aient un grand « Congrès des laïcs » mais rejettent pourtant le laïcisme français.

Voilà ce qui est arrivé à Bruxelles dans les débats sur le préambule de notre Traité constitutionnel auquel 54% des Français ont dit non. Je me souviens de la discussion qui pour l'essentiel se déroulait entre les Français et les Allemands. Les Français en insistant sur la laïcité ne voulaient surtout pas évoquer les formules religieuses, et les Allemands voulaient voir inscrire un héritage spirituel religieux et moral. Ils n'arrivaient pas à se mettre d'accord parce que personne n'était capable d'expliquer pourquoi il y avait une différence de pensée. Les étudiants de Göttingen connaissent aussi mal la Bible que les vôtres. Le problème résidait dans le fait que les délégués français et allemands à Bruxelles ne réalisaient pas assez cette différence dont je viens de vous parler. Ou bien vous aviez des théologiens qui ne sont pas historiens ; ou bien vous avez des historiens qui ne connaissent plus rien de l'histoire religieuse ; ou bien vous avez des hommes politiques qui ne connaissent ni l'un ni l'autre.

Alors j'ai essayé de traduire le mot « laïcité » en allemand. J'ai pensé qu'il fallait laisser tomber ce mot parce qu'il nous amène à des malentendus, et revenir à Luther qui était une sorte de Shakespeare de la langue allemande au même niveau que Gœthe et Nietzsche. Quand Luther n'arrivait pas à traduire la latin il inventait des mots. Il est parfois allé trop loin, certes, mais il a été confronté à une distinction capitale de la pensée chrétienne, celle entre le temporel et le spirituel. S'il avait été un philopshe allemand, il aurait traduit littéralement temporel par « zeitlich » et spirituel par « geistlich ». Luther propose un autre mot se rapportant à l'espace et non au temps « weltlich », qui désigne le caractère séculier du monde. À travers l'invention de ce terme, il a sécularisé et déclérialisé le monde.

Il faut donc parfois avoir le courage de Luther et changer de mots pour expliquer la pensée qui se cache derrière. Ainsi pourquoi ne pas traduire laïcité tout simplement par « Weltlichkeit » ?

Pour terminer, cela vaut la peine, de temps en temps, de comparer nos deux langues ; et de ne pas considérer seulement nos engagements politiques, et de ne pas faire que de la théologie, mais de nous pencher sur les langues : le grec, le latin, le français, l'allemand. Et puis restons ouvert à la langue de Jésus qui ne parlait pas les langues européennes.

À Blois, le 15 octobre 2005

Religions, démocraties et totalitarisme en Asie

Débat animé par Alain FOREST

ALAIN FOREST : Les divers intervenants à ce débat sont Mme Catherine Clémentin-Ojha, Directrice d'Etudes à l'EHESS, spécialiste de l'Inde, et MM. Cai Chong Guo, philosophe, dissident et refugié en France suite aux événements de Tien An-men en 1989, Marc Gaborieau, directeur d'études à l'EHESS, spécialiste de l'islam en Asie, préfacier de l'ouvrage collectif *L'Islam en Asie, du Caucase à la Chine* édité par Andrée Feillard à la Documentation Française, un des meilleurs ouvrages de synthèse sur ce thème, Gérard Toffin, directeur de recherche au CNRS, spécialiste du monde indien et plus spécialement du Népal, et Alain Forest, professeur d'Histoire de l'Asie du Sud-Est continentale à l'Université Denis-Diderot/Paris 7.

L'aire dont nous avons à traiter étant immense avec des sociétés et des situations d'une très grande diversité, chacun sera obligé de présenter, de manière relativement précise, quelques-uns des grands traits des rapports traditionnels entre pouvoirs et religions dans sa région de prédilection. Puis nous organiserons le débat autour de deux thèmes : qu'en est-il aujourd'hui des relations entre politique et religion dans les différents pays d'Asie ? Dans quel sens ces relations jouent-elles au regard des avancées démocratiques comme de la permanence de régimes totalitaires ?

Précisons toutefois le sens que nous donnerons ici au terme de « religion » pour dissiper d'entrée l'interférence d'un autre débat qui travaille fort les Occidentaux, à savoir : peut-on parler de religion ou de sagesse pour ce qui concerne l'Asie, notamment pour le confucianisme et le bouddhisme, dans la mesure où la relation aux divinités n'y est pas centrale ? Nous prendrons donc le terme « religion » au sens anthropologique, comme un ensemble cohérent de discours, de prescriptions morales et rituelles, qui tend à encadrer et à orienter la totalité des systèmes de relations - et donc les relations politiques - à l'intérieur d'un espace social donné : en ce sens, le bouddhisme et le confucianisme sont sans doute à ranger dans l'ordre des phénomènes religieux.

CATHERINE CLÉMENTIN-OJHA : La façon dont l'Inde d'aujourd'hui gère ces questions religieuses est en partie un héritage du passé. Il faut donc commencer par parler de cet héritage. Et souligner qu'il est complexe et multiforme. Il s'est en effet constitué au cours de nombreux siècles sur un ensemble de traditions religieuses empruntant leur logique aux mondes hindou et musulman, et pour finir au monde occidental et à ses composantes chrétiennes. Dans cet ensemble de traits historiques, les conceptions hindoues ont été fondamentales, déterminantes même, en ce qu'elles forment la matrice culturelle dans laquelle l'imbrication du religieux et du politique a été pensée en Inde.

Qu'est-ce que nous entendons par hindouisme ? C'est un système religieux qui prétend donner un sens total, comme vient de le dire Alain Forest, c'est une révélation sur l'ordre social. L'hindouisme fait de la monarchie une institution nécessaire au maintien de l'ordre social au moyen d'une construction théologique et juridique dont témoignent ses traités sur le *dharma*. Par ce terme *dharma*, on entend les lois qui régissent l'univers, le cosmos, et également l'ensemble de la société qui se situe à l'intérieur de ce cosmos, et toute l'activité humaine qui s'y déploie. Les hommes agissent selon le *dharma* en se conformant à leur devoir d'état, devoir déterminé par leur naissance dans une caste donnée à l'intérieur d'un système social hiérarchisé. Ce qui permet à cette imbrication de perdurer, c'est le roi. L'hindouisme n'envisage pas d'autres systèmes de gouvernement que la monarchie.

La fonction royale dans les conceptions hindoues ne renvoie pas uniquement à des questions de vertu, ni à des questions de bienséance, elle renvoie surtout à des questions d'ordre et de hiérarchie, lesquelles sont définies en termes religieux. Le roi hindou tel que le définit le droit - je parle donc de théorie - a cependant un frein à son autorité : c'est le brahmane c'est-à-dire que le pouvoir, selon les idées religieuses de l'hindouisme, se répartit entre deux chefs, deux têtes. Au centre de la fonction royale, de la fonction de pouvoir, le droit hindou et toute l'idéologie hindou placent un couple, celui du roi et du brahmane. Dans ce couple, il revient au brahmane d'énoncer le dharma et au roi de l'accomplir (il est en quelque sorte le bras armé du brahmane : il met sa force guerrière au service de l'ordre global que le brahmane énonce).

Dans la théorie politique de l'Occident chrétien, il y avait aussi l'idée que la société humaine reposait sur deux pouvoirs mais ces deux pouvoirs avaient une même origine divine. Dans l'Inde hindoue par contraste, le pouvoir royal ou pouvoir temporel émane du pouvoir spirituel. Donc il y a une sorte de supériorité du brahmane sur le roi. Mais dans les faits, comme la théorie elle-même le reconnaît, dans la réalité des prescriptions, pour le gouvernement, le brahmane dépend du roi. C'est donc une hiérarchie tournante.

Ainsi lorsque l'on regarde comment le pouvoir s'est exercé concrètement on s'aperçoit qu'il est artificiel de parler de son articulation sur deux pouvoirs, l'un temporel, l'autre spirituel. D'abord parce que l'Inde hindoue n'est pas restée seulement hindoue. Elle a emprunté tout un ensemble de notions de gouvernance au monde musulman. Ensuite parce qu'elle a aussi élaboré une idéologie politique qui n'était pas strictement marquée par des idées religieuses. Enfin, et surtout, le roi dans la monarchie hindoue n'exerçait pas une souveraineté absolue. Son pouvoir et le jeu politique dans son ensemble étaient étroitement imbriqués dans le tissu social c'est-à-dire dans la société des castes. Il n'y avait pas dans l'Inde traditionnelle un possesseur exclusif des attributs de la souveraineté.

Considérons à présent la nature des liens qui existaient entre le religieux et le politique. On ne peut être que schématique puisqu'on parle de plusieurs siècles et de plusieurs régions, mais malgré tout il n'est pas erroné de dire que le roi construisait sa légitimité dans un contexte imprégné de notions hindoues et qu'il le faisait à travers des symboles religieux et des gestes de soumissions à des divinités hindoues. Dans cette configuration les brahmanes jouaient un rôle extrêmement important, vital même. D'une part ils assuraient les rites, d'autre part ils maintenaient par leur travail d'exégèse l'idéologie politico-religieuse qui permettait à ce système monarchique de durer. Tout cela indique qu' il y avait des conditions religieuses à l'exercice du pouvoir dans l'Inde hindoue. Il faut ajouter que les royautés hindoues protégeaient l'hindouisme. Qu'est-ce que cela signifie sachant que l'hindouisme se caractérise par une diversité défiant toute tentative de mise en ordre ? En réalité en protégeant l'« hindouisme », les royautés protégeaient des acteurs extrêmement diversifiés, qui étaient en compétition les uns avec les autres pour obtenir leur patronage. Les cérémonies, les cultes, et les fêtes que les rois faisaient célébrer empruntaient leur logique à des théologies, à des sectes, à des systèmes religieux qui n'appartenaient pas à un ensemble unifié. Ce que nous avions, donc, c'était une forme de pluralisme. Sous le patronage royal coexistait tout un ensemble de pratiques, de philosophies, de théologies qui était disparate. Et ce système profitait aussi à d'autres groupes, à ceux que nous appellerions aujourd'hui des « non hindous » ou qui étaient en dehors du système dit « hindou ». Ils profitaient de ce patronage surtout s'ils représentaient des forces économiques, politiques importantes. Cela fut le cas de certains musulmans.

Dernière chose : nous nous trouvons en Inde devant des configurations étatiques et religieuses très distinctes des nôtres. Leur caractère spécifique interdit de concevoir leurs rapports de la même façon qu'en Occident. C'est une banalité de le dire mais il faut le rappeler : l'État existait bel et bien en Inde, et il y avait bien aussi des instances religieuses, mais ils étaient conçus selon des normes tellement différentes des nôtres que leur conjonction et leur articulation ne se faisaient pas de la même manière.

Il faut aussi garder à l'esprit certaines considérations territoriales. Il n'y a jamais eu d'unification de l'Inde sur une très grande échelle avant l'arrivée du pouvoir musulman, et celle-ci a été retravaillée par la colonisation britannique. Ce sont donc à des configurations régionales particulières que nous avons affaire à travers toute l'histoire du sous-continent. À cet égard le Népal est un exemple intéressant. Il représente une configuration géographique spécifique de la royauté hindoue, avec l'intérêt supplémentaire d'avoir perduré jusqu'à aujourd'hui.

MARC GABORIEAU : Je vais vous parler d'une tradition religieuse qui est arrivée plus tard et qui a influencé la plus grande partie de l'Asie : l'islam. Je dois d'abord insister sur le fait que cette religion en Asie n'est pas du tout marginale ; on l'identifie toujours au Moyen-Orient, aux pays arabes, à la Turquie etc… On néglige ainsi le poids historique et démographique de l'islam en Asie. Quelques chiffres en donneront une idée : si on estime la population musulmane du monde à 1 milliard 500 millions de personnes, l'Asie méridionale et orientale, de l'Inde à la Chine en passant l'Asie du Sud-Est, en contient près de la moitié ! Donc bien plus que dans tous les pays arabes réunis. Le sous-continent indien, l'Inde historique dont on vient de parler, est depuis 1947 divisé en trois pays : l'Inde, le Pakistan et le Bengladesh. Chacun de ces pays a plus de 130 millions de musulmans. Si on les additionne, cela représente le double de l'Indonésie dont on dit souvent qu'elle est le plus grand pays musulman du monde. En tant qu'entité politique unique certes, c'est le plus grand pays musulman ; mais si l'on considère la masse de population rassemblée dans la même région, ce n'est plus vrai, car l'Indonésie ne compte que 200 millions de musulmans, contre 400 millions pour le sous-continent indien.

Cette présence musulmane n'est pas du tout un fait récent. L'islam a commencé à se répandre sur l'Asie dès les VIIe et VIIIe siècles sous deux formes. L'une, plus ancienne, est celle des réseaux marchands déployés du Moyen-Orient jusqu'en Chine : des commerçants musulmans faisaient escale en Inde ; ils allaient ensuite par le détroit de Malacca (actuelle Malaisie) jusque dans les ports de l'Asie du Sud-Est et de la Chine ; il y avait des musulmans en Chine dès les IXe-Xe siècles de notre ère. C'est le long de ces réseaux marchands pacifiques que sont nées en Asie du Sud-Est, à partir des XIIIe et XIVe siècles, des entités politiques appelées « sultanats marchands », qui ont peu à peu islamisé ce qu'on appelle le « monde malais », soit essentiellement l'actuelle Indonésie et l'actuelle Malaisie qui forment alors un seul ensemble qui parle une langue unique, le malais écrit alors en caractères arabes. Ces sultanats marchands, qui étaient sur les côtes, ont peu à peu rayonné à l'intérieur et entraîné, à une époque assez récente, la conversion de la majorité des populations qui s'y trouvent. Ainsi une première masse de musulmans s'est constituée dans le monde malais.

Un autre véhicule de la propagation de l'islam fut la conquête, qui, elle, s'est limitée au sous-continent indien. Abordé par les réseaux marchands qui se sont cantonnés sur les côtes à partir du VIIe siècle, ce sous-continent n'a fait l'objet d'une conquête systématique que trois siècles plus tard : des dynasties musulmanes de Turcs iranisés, venues d'Afghanistan entre le XIe et XIIIe siècle, établirent une hégémonie politique jusqu'en Inde du Sud et ont dominé le sous-continent à travers un premier empire, le Sultanat de Delhi à partir du XIIIe, et surtout à partir du XVIe avec l'empire moghol qui, avant les Britanniques, a fait l'unité de la région. Avec cette conquête, l'Inde historique est devenue un des grands bastions de l'islam, et partie intégrante du monde musulman.

Quels sont maintenant les rapports de la politique et de la religion dans l'islam ? Il faut se débarrasser de l'idée qu'on a souvent d'un « clash » des civilisations selon laquelle l'islam aurait apporté en Asie des conceptions totalement différentes des conceptions traditionnelles. Ce n'est pas du tout le cas. Un cliché court opposant sommairement l'Inde, pays des castes et donc de la hiérarchie, au monde musulman caractérisé par l'égalité. En fait l'islam médiéval traditionnel est tout autant hiérarchique que l'hindouisme. De plus on trouve dans l'islam la même complémentarité du pouvoir politique et de la religion que dans l'hindouisme. D'une part il y a le pouvoir politique représenté par le sultan - qui est un roi et qu'on a aussi appelé « empereur » à l'époque moghole. C'est un personnage qui détient l'essentiel de la force et de l'application de la loi. Mais il doit être conseillé par des religieux qui sont regroupés autour de deux pôles : d'un côté les docteurs de la Loi, car le sultan est censé appliquer les lois islamiques, ce n'est pas un autocrate arbitraire ; de l'autre côté il s'appuie sur le charisme des mystiques, qu'on appelle aussi soufis. C'est cette complémentarité du sultan et ses conseillers religieux qui organise l'ordre de la société et la coexistence des différents groupes sociaux à l'intérieur des formations politiques musulmanes appelées sultanats ou empires. Dans cette conception, il y a une suprématie de l'islam : c'est la religion politiquement dominante, mais cela ne veut pas dire que c'est une religion exclusive. Il n'y a pas en effet de conversion forcée et l'islam accepte la diversité religieuse et culturelle : pensez que traditionnellement, il y a 72 sectes dans l'islam, et que surtout il admet la diversité sociale, culturelle et religieuse, et donc laisse subsister l'hindouisme et les autres religions qui l'ont précédé dans le sous-continent. Le rôle du sultan est d'abord de maintenir l'ordre et la hiérarchie, car il y a une conception très hiérarchique de la société dans l'islam traditionnel. Le sultan maintient donc d'abord la hiérarchie entre les différentes classes de musulmans, mais aussi entre les musulmans et les non-musulmans qui leur sont politiquement inférieurs. C'est ainsi un système de complémentarité du politique et du religieux, et de la hiérarchie, qui est sanctionné par la religion.

Voilà donc comment se présente l'islam en Asie avant la colonisation. Il est minoritaire sur la plus grande partie de l'Asie, avec cependant deux grandes concentrations : d'une part le monde malais (Indonésie et Malaisie), où il est devenu majoritaire ; et d'autre part le sous-continent indien où il est resté minoritaire, bien qu'il y ait généré une masse de convertis deux fois plus nombreux que ceux du monde malais. Là où il est politiquement dominant, l'islam laisse subsister et protège le pluralisme religieux et culturel.

Alain Forest : Je vous entretiendrai quant à moi des pays dit de bouddhisme theravâda (bouddhisme des Anciens) - plus improprement appelé bouddhisme du Petit Véhicule. L'expansion de cette forme de bouddhisme de la Birmanie au Cambodge et même au sud du Vietnam actuel, et le fait qu'il submerge en deux siècles les autres formes religieuses qui coexistaient auparavant dans cette partie de l'Asie du Sud-Est sont des phénomènes relativement récents puisqu'il prennent leur origine dans une réforme du bouddhisme de Sri Lanka, à la fin du XIIe siècle.

De cette jeunesse, le bouddhisme theravâda a gardé une certaine vigueur et sans doute n'est-il pas inutile de comprendre quelques-uns des ressorts de son expansion et de son succès. D'abord, on remarquera qu'une adhésion générale à des religions de salut ou de délivrance se produit durant la période des XIIe-XVIe siècles dans cette région du monde. C'est l'islam qui, via les commerçants musulmans de l'océan Indien occidental, se répand alors dans le sud de la péninsule Malaise et dans les îles. Et c'est un bouddhisme rénové qui gagne donc la quasi-totalité des sociétés de l'Asie du Sud-Est continentale, notamment au détriment du brahmanisme.

Cette adhésion est le fait de la société dans son entier. À la fin de la période d'Angkor (XIe-XIIe siècles), on constate une évolution religieuse de plus en plus prononcée vers l'érection de temples et la réalisation de rituels visant essentiellement à assurer à la fois l'entrée des souverains, des gens de leur caste ou de la caste des brahmanes, dans des mondes meilleurs ainsi que la permanence, après-mort, de leur puissance protectrice au bénéfice du royaume. Aussi est-il probable que cette évolution pénètre aussi dans le peuple, témoin et parfois auxiliaire de ces fastueuses tentatives d'aménagement de l'après-mort mais qui, en raison d'une forte différenciation sociale, ne peut en espérer quant à lui que peu de bénéfice. Le Theravâda vient alors à point qui postule que tous les individus sont égaux dans la recherche de la délivrance, notamment que tout homme peut accéder à l'état socialement supérieur de moine et entrer ainsi - pour sa vie entière ou même pour une simple période de son existence - dans la communauté (*Sangha*) des moines bouddhiques, ou encore que toute personne peut acquérir de grands mérites par le don aux moines et avancer ainsi vers le salut.

Les souverains trouvent cependant, eux aussi, un certain intérêt dans une religion qui produit une grande cohésion sociale puisque, selon un autre enseignement extrêmement populaire du bouddhisme, la place de chacun, ici et maintenant, dans la société est le résultat des mérites et démérites qu'il a acquis (*kamma*).

De plus, la communauté des moines doit se vouer entièrement à la méditation et à l'exercice de la sainteté ; ceux-ci ne peuvent ni tuer, ni se défendre, ni travailler et c'est aux laïcs - appelés « maîtres de maison » dans le bouddhisme - qu'il revient d'assurer la subsistance et de protéger les moines, c'est-à-dire la religion. Le roi est évidemment le premier concerné par ce devoir de protection de la religion, qui fonde sa légitimité. Mais, dans son cas et c'est encore une caractéristique du Theravâda, ce devoir comprend deux étonnantes obligations supplémentaires. Il lui revient de veiller à ce que les moines respectent absolument les règles disciplinaires (227 préceptes) qui les distinguent des laïcs et garantissent leur sainteté ; le moindre écart, s'il est toléré, peut aboutir à la corruption de la religion et, comme les moines se doivent de demeurer sereins, c'est le roi qui dispose du pouvoir de coercition. Également, il lui revient de veiller à ce que les reproductions et traductions des Écritures soient absolument exactes, de telle façon que d'éventuelles fautes ne viennent pas non plus corrompre le sens du message bouddhique et mettre en cause la Délivrance de ses sujets. Il se fait assister dans ces responsabilités par un moine « roi du Sangha » qu'il nomme lui-même, mais la plupart du temps avec grande circonspection car les grandes responsabilités du souverain dans le domaine religieux, tout en lui procurant un énorme prestige le place dans le même temps dans une situation relativement inconfortable.

En effet le nombre et l'influence des moines, la vie itinérante de certains d'entre eux, les placent en position de faiseurs d'opinion, capables de ruiner une légitimité. À cet égard, le roi est sans cesse en porte-à-faux. Soit il est trop détaché et risque de se faire accuser de se désintéresser de la protection de la religion : on dit qu'il s'attache trop au plaisirs, aux femmes et ne pense pas à ses devoirs. Soit, au contraire, il intervient trop brutalement dans le domaine religieux : on lui reproche alors d'outrepasser ses pouvoirs et de pervertir la religion pour la placer sous son autorité. Dans ces deux extrémités, la rumeur peut se répandre que le *kamma* du roi a changé de sens, c'est-à-dire qu'il a perdu sa légitimité. Il lui faut donc se tenir dans un juste milieu… et combler de dons les monastères.

D'autres croyances servent de support à de très nombreuses émotions et révoltes de type millénariste : ainsi l'idée que le message du Bouddha Gautama va disparaître - au fil de 5000 ans d'histoire - mais que le bouddhisme sera restauré par la venue d'un Bouddha du futur, Maitreya, dont la présence, l'enseignement et l'exemple procureront à tous ceux qui seront restés fidèles à la religion au cours de leurs multiples renaissances, une avancée spectaculaire vers la Délivrance ; ou encore la croyance en l'apparition d'« hommes de grands mérites » susceptibles d'instaurer un royaume de parfait bonheur. Régulièrement, donc, un homme de mérite ou un Bouddha du futur « apparaissent » qui cristallisent autour d'eux, de manière étonnamment rapide et puissante, l'espoir de l'avènement d'un royaume meilleur. Et ces croyances demeurent toujours sous-jacentes, de nos jours, à nombre de mouvements de contestation - à commencer, sans doute, par le phénomène Khmer rouge…

L'essentiel cependant, ici, est de retenir que l'avenir de la religion et la Délivrance dépendent de la relation entre un roi et la communauté des moines, que celle-ci a besoin d'un souverain. Ceci explique que ce bouddhisme, à portée universelle, s'organise en fait autour de rois, contribuant d'ailleurs, ainsi, à la formation de « consciences nationales ».

Ceci permet également de comprendre la présence et le rôle des moines bouddhistes dans les mouvements de contestation des pouvoirs coloniaux. En Birmanie, une fois le roi envoyé en exil à la fin des années 1880, les Anglais refusent d'assumer quelque responsabilité au regard de la religion - par exemple au moment de la mort du roi du Sangha - et manifestent ainsi qu'ils ont introduit un formidable danger dans l'ordre socio-religieux ; tout autant que la conquête, le fait qu'il n'y ait plus aucune autorité qui puisse agir pour que la communauté des moines - c'est-à-dire la religion - conserve sa pureté disciplinaire et scripturaire est à la source de l'engagement particulier des moines contre la colonisation.

On observe un mouvement plus ambigu au Cambodge où les Français laissent en place le roi et valorisent même son rôle religieux. Toutefois, pour des raisons politiques, les Français coupent le bouddhisme cambodgien de sa source d'inspiration, le bouddhisme thaï, dans les années 1910-1920. Et, au nom de la Raison, ils vont encourager les essais de purification d'un bouddhisme traditionnel qu'ils jugent perverti par les superstitions et les pratiques peu canoniques. Un des résultats de cette entreprise est de susciter la méfiance puis l'opposition d'un certain nombre de leaders bouddhistes qui soupçonnent à leur tour les « réformateurs » de vouloir porter atteinte à l'authenticité et à la pureté du bouddhisme traditionnel cambodgien… Le thème de la pureté devient dès lors un thème central de l'idéologie nationaliste cambodgienne, que l'on retrouvera amplifié chez les Khmers rouges.

CAI CHONG GUO : C'est difficile de parler des relations entre la politique et la religion en Chine parce que traditionnellement la religion en Chine joue un rôle beaucoup moins important dans la politique par rapport aux pays occidentaux ou en Inde bien qu'elle soit un élément fondamental pour comprendre la société, la mentalité et les arts chinois. Les Chinois disent toujours - peut-être n'est-ce pas un bon mot - que la Chine est un pays laïc. Je constate que, en Chine, en tant que « pays communiste », par rapport à la France, la religion n'est pas plus importante. Je ne crois d'ailleurs pas que le confucianisme soit une religion. Même le taoïsme et le bouddhisme ne sont pas des religions proprement dites comme le catholicisme ou le protestantisme. Avant 1949 à

Pékin, il y avait presque 2000 temples bouddhistes et taoïstes donc presque dans toutes les rues mais une séparation entre la politique et la société. Le taoïsme et les autres religions dérivées du bouddhisme étaient très importantes avant 1949. Mais pour les élites politiques, le bouddhisme et le taoïsme ont exercé une moindre fascination - même si à partir des XVIe et XVIIe siècles, il y a une convergence entre bouddhisme, taoïsme et confucianisme ; et même si, pour comprendre les arts chinois, la littérature, les poèmes, même la théorie de la médecine chinoise, ils sont essentiels. Les institutions politiques, les discours étaient conçus selon les traditions ou selon les besoins réels, pas selon les doctrines religieuses. En cela c'est un pays laïc.

Beaucoup d'Européens, par exemple, M. François Jullien, ne comprennent pas cela, ils exagèrent le rôle du confucianisme dans la vie politique. Ils confondent les valeurs occidentales avec les valeurs de la Chine. Par exemple l'idée de régime totalitaire est importée des pays occidentaux, c'est un produit de l'industrialisation car traditionnellement la société chinoise est indépendante vis-à-vis de l'État pour une raison très simple : avant le XIXe siècle, il n'y avait pas de chemins de fer, de voitures, de journaux etc. Comment un Empereur pouvait-il contrôler un village à 2000 kilomètres ? Il y a une expression chinoise courante « l'Empereur est loin et le ciel est très haut ». Donc on doit se débrouiller seul : l'État s'occupe de deux choses : les impôts et la criminalité et parfois des grands travaux. Toutes les petites entreprises, ateliers, écoles étaient privés. Les lettrés écrivaient ce qu'ils voulaient, c'est la raison pour laquelle avant 1949, la philosophie, la poésie, la littérature étaient abondantes car jamais vraiment contrôlées par l'État, la politique. Il faut donc abandonner une idée reçue importante : à savoir que pour comprendre la Chine aujourd'hui il faudrait comprendre le taoïsme, le bouddhisme et le confucianisme, c'est faux, il vaudrait mieux comprendre ce qu'est le communisme, le maoïsme soit l'histoire de la Chine depuis un ou deux siècles. Pour comprendre la Chine il faut comprendre les événements de l'histoire, pas seulement la culture. Si on lit seulement Platon ou Voltaire, Victor Hugo, on n'arrivera jamais à comprendre les Français aujoud'hui.

ALAIN FOREST : Ce n'est peut-être pas de la religion mais il y a tout de même dans les conceptions chinoises l'idée que l'empereur est le pivot du monde et que c'est par lui que passe le maintien de l'harmonie dans l'univers ; d'où la nécessité d'une centralisation par l'Empereur. Les religions elles-mêmes devaient faire allégeance à l'empereur : il y eut de sérieux heurts à ce propos avec le bouddhisme, durant la seconde moitié du Ier millénaire ; de même avec le catholicisme, l'empereur n'étant pas opposé à cette religion à condition qu'elle reconnaisse sa primauté.

Dans quelle mesure cette idéologie centralisante du pouvoir, certes propre aux lettrés confucéens mais qui s'imposait à beaucoup - notamment via la fascination et la compétition pour les concours mandarinaux -, ne se retrouve-t-elle pas, par exemple, dans le communisme chinois ?

Dans un autre registre, vous parliez des clichés occidentaux. Ils ont été confortés de manière géniale - si l'on peut dire - par Max Weber mais ils ont aussi suscité une sérieuse réaction chez les penseurs chinois à partir des années 1950, avec le mouvement néo-confucéen. Dès lors, peut-on dire que le présent se déroule hors de toutes formes de religion ou de système de pensée idéologisant - maoïsme inclus ?

CAI CHONG GUO : D'abord sur l'idée de pouvoir centralisé. Je ne crois pas que l'Empereur soit aussi important. Que signifie « centraliser le pouvoir ? » Qu'est-ce que le totalitarisme ? C'est le contrôle non pas seulement politique et économique mais de la vie privée aussi, ainsi que de la culture. C'est un produit occidental comme en Union soviétique, comme en Chine et d'autres « pays socialistes ». Les Empereurs chinois préconisaient des valeurs morales par le système d'examen, c'est à dire par le contrôle sur l'ascension sociale. Pour connaître la Chine et les comportements, la mentalité des Chinois aujourd'hui, il faut connaître l'histoire moderne de la Chine dont la rupture culturelle. Il y a quatre éléments qui expliquent cette rupture : 1. À partir de la première guerre d'opium à 1841, la Chine a commencé à s'intégrer dans la mondialisation. 2. L'industrialisation et la commercialisation. Autrement dit, la modernisation de la société (l'apparition de nouveaux groupes d'intérêt et leurs conflits, de nouvelles écoles et systèmes d'éducation, de journaux et nouveaux romans ect...). 3. La nouvelle langue (Bai

Hua) a remplacé la langue ancienne (Wen Yan), ce qui a entraîné un changement radical du langage, des conceptions et des mentalités des Chinois 4. L'installation du régime communiste et sa durée de plus de 50 ans, qui a détruit, avec le nouveau langage, les valeurs traditionnelles jusqu'à la racine. Pour comprendre comment la mondialisation et la modernisation changent la mentalité des Chinois, je vous donne un exemple : Au milieu du XIXe siècle, on croyait être le centre du monde. La nation comme une conception n'est née qu'à la fin du XIXe siècle. Avant, lorsque les autres pays se manifestaient, l'Empereur croyait qu'il s'agissait de pays inventés par des personnes qui voulaient lui demander de l'argent. Ce n'est qu'à la fin du XIXe siècle, lors de conflits avec les pays occidentaux que la Chine a conçu l'idée qu'elle n'était qu'un pays d'où l'idée de nation. L'émergence du Japon au début du XXe siècle fut un grand choc. Il vainc d'abord les Russes, après la Chine. On constate alors qu'elle n'est pas qu'un pays du monde mais un pays très faible. Cela provoque l'idée qu'il faut moderniser la Chine le plus vite possible. Encore aujourd'hui, beaucoup de gens pensent que la démocratie est trop lente et inefficace, qu'il faut qu'il y ait concentration du pouvoir pour moderniser la Chine. D'où l'idée que l'individu, l'existence de la vie n'est pas importante, ce qui importe étant le destin de la nation. Voilà, ce sont la frustration et l'impatience de la modernisation des Chinois qui ont fait naître le régime dictatorial.

ALAIN FOREST : Nous allons passer de l'autre côté du Tibet, au Népal, avec Gérard Toffin.

GÉRARD TOFFIN : Je vais vous parler essentiellement du Népal, entre Inde et Chine, le dernier royaume hindou au monde. Contrairement à certaines idées reçues en Occident, le Népal n'est pas du tout un pays bouddhiste. En fait c'est un royaume, profondément hindou : plus de 85% de sa population se réclame de cette religion. Historiquement et politiquement, le Népal s'est constitué autour de valeurs très traditionnelles à l'hindouisme. Il n'a jamais été islamisé ni colonisé, à la différence de l'Inde. Au XIVe siècle, le sultan du Bengale fit une incursion militaire dans la vallée de Katmandou, mais ce raid n'eut pas de conséquence durable. Le pays s'est donc assez vite constitué sur l'idée que sa forme d'organisation sociale et sa religion étaient préservées des influences « néfastes » de l'islam et du monde occidental chrétien.

On ne peut comprendre le Népal contemporain, sans bien voir que s'y sont succédés dans l'histoire deux types de royauté hindoue. La première, à l'époque médiévale, avec les petits royaumes de la vallée de Katmandou, assez semblables à ceux que l'on connaissait à l'époque dans le Nord et le Sud de l'Inde. Religion et société étaient complètement imbriquées l'une dans l'autre. Dans ces royaumes, dotés chacun d'une capitale de quelque 40 000 habitants, les valeurs hindoues (mais aussi du bouddhisme du Grand Véhicule pour une part de la population) jouaient un rôle fondamental. Le roi reconnaissait le pouvoir prééminent du brahmane dont on a parlé au début du débat. Sous l'influence du tantrisme, il réussit cependant a établir et développer des relations directes avec certaines déesses tutélaires du royaume. Le souverain recevait des initiations tantriques spécifiques et établissait par ce moyen un contact sans intermédiaire avec le sacré, court-circuitant les brahmanes. Dans ces royaumes hindou-bouddhistes, les territoires étaient bornés par les sanctuaires de divinités et le roi occupait le centre géographique de la cité. Les castes étaient totalement orientées vers lui, centrées sur son palais. Elles avaient toutes des obligations envers la famille royale ou les groupes dominants du royaume. Le brahmane occupait une place supérieure dans la hiérarchie, mais il ne constituait finalement qu'une figure assez abstraite.

À partir du XVIIIe siècle, ces petits royaumes ont été conquis par une population hindoue venant de l'ouest et incorporés dans un Népal unifié qui couvrait une superficie équivalente au quart environ de la France. Ce nouveau royaume très puissant avait à sa tête des rois et des chefs qui défendaient une conception de l'hindouisme beaucoup plus orthodoxe et militante qu'elle ne l'avait été autrefois dans la vallée de Katmandou. Les autres religions, bouddhisme, islam et chrétienté furent stigmatisées. Le prosélytisme interdit. Ce nouvel État expansionniste, très militarisé, assimila des populations et des minorités ethniques très diverses. Les relations dominants/dominés jouèrent rapidement un rôle essentiel. Les hautes castes hindoues prirent le pouvoir, reléguant les minorités ethniques à un rôle inférieur. Cette forme de royauté, dont la dynastie actuelle est la descendante, s'est donc avérée très conquérante et peu tolérante envers les autres croyances. Elle reposait sur des liens hiérarchiques forts.

Comment caractériser les transformations les plus récentes et la situation actuelle ? Contrairement à l'Inde qui s'est orientée en 1947 vers un modèle politique laïque, au moins au niveau constitutionnel, le Népal a maintenu sa monarchie hindoue de droit divin. Les pratiques et les conceptions hindoues continuent d'interférer dans le système politique. Les brahmanes et les kshatriya (la caste des militaires et des rois) monopolisent toujours le pouvoir. Le système des castes, dont on ne trouve plus de référence dans la Constitution, reste extrêmement vivant. L'intouchabilité est peu combattue.

Sous la pression de la rue, la monarchie absolue fut renversée en 1990 et remplacée par un système parlementaire qui réduisit considérablement les pouvoirs du roi. Une nouvelle Constitution, de type démocratique, fut promulguée. Pendant douze ans, le pouvoir fut investi non plus dans le roi mais dans le peuple. Un nouveau vocabulaire vit le jour : la défense des droits de l'homme et des expressions identitaires locales, parfois relayée par des partis régionalistes ou ethniques, occupa le devant de la scène. Le roi, toujours chef des armées, fut réduit à un rôle protocolaire. Depuis octobre 2002, le souverain du Népal a repris cependant progressivement le pouvoir et suspendu nombre de libertés démocratiques. La presse libre est pourchassée et des journalistes régulièrement emprisonnés. Selon les autorités en place, cette reprise en main, critiquée par l'Inde et les pays occidentaux, était motivée par l'incapacité des partis politiques à lutter contre l'insurrection maoïste naissante. Le roi accusa aussi les partis politiques d'instaurer un système de corruption généralisée et de ne pas défendre les intérêts supérieurs de la nation et du peuple népalais. Nous en sommes là aujourd'hui : une période de transition, avec un pouvoir très répressif contesté par une large partie de la population*.

Depuis 1996, une insurrection maoïste, qui a fait plus de 10 000 morts jusqu'à aujourd'hui, menace les institutions politiques du pays, la monarchie comme la démocratie parlementaire. Contrairement à ce qui

* Ces réflexions ont été énoncées avant les événements du premier semestre 2006.

été écrit ici et là, je ne vois pas de continuité entre ce mouvement révolutionnaire et les formes anciennes du sacré et du pouvoir existantes au Népal. Je pense qu'il s'agit de tout autre chose. On est face à des phénomènes tout à fait différents qui introduisent une rupture. Les forces maoïstes mettent en place dans les villages un nouvel ordre social où l'hindouisme est vivement pris à parti. Les fêtes hindoues par exemple sont supprimées parce qu'elles font allégeance au roi et pérennisent un ancien système symbolique considéré comme de type « féodal » dans le vocabulaire marxiste-léniniste. Les intouchables, qui traditionnellement ne pouvaient pas entrer dans les maisons de castes pures, dont on ne pouvait pas accepter l'eau, qui n'avaient pas le droit d'avoir des terres et dont les enfants n'avaient pas le droit d'aller à l'école, sont l'objet d'attentions particulières. Ils se sont ralliées d'ailleurs pour beaucoup au mouvement insurrectionnel. Les minorités ethniques, des populations de langue tibéto-birmane pour l'essentiel, soutiennent également, de gré ou de force, le mouvement maoïste. Elles y voient un moyen (sans doute illusoire) de faire aboutir leurs revendications identitaires ou régionalistes et de reconquérir le pouvoir qu'elles avaient sur leurs terres avant l'unification du pays à la fin du XVIIIe siècle. De manière générale, l'hindouisme est conçu aujourd'hui par la plus grande partie du peuple népalaise comme un obstacle à la démocratie. Il faudra sans doute dissocier le religieux du politique pour que le Népal sorte de la crise dans laquelle il est enfoncé aujourd'hui.

Alain Forest : Je travaille également sur une société qui a été en partie - et profondément - ravagée par les Khmers rouges. Je partage l'idée que de tels mouvements sont des mouvements urbains menés par quelques intellectuels et qui subvertissent en quelque sorte les formes traditionnelles soit pour les détruire soit pour les réinterpréter en leur faveur.

Ils représentent bien une rupture et, pourtant, en ce qui concerne les Khmers rouges, ils se situent dans une certaine continuité. Notamment, et c'est ce qui explique qu'il fut si sanglant, les leaders de ce mouvement ont été pénétrés de cette peur, constante dans le bouddhisme theravâda, du danger de corruption et de confusion. Le bouddhisme du Bouddha Gautama est, croit-on, en voie d'affaiblissement et il faut à tout prix le préserver des altérations qui le dénaturent insensiblement ; de même, l'humanité est par nature « sotte » et les fidèles bouddhistes sont prédisposés à se laisser subvertir par les autres doctrines religieuses ou autres dont les discours, maniés par des gens habiles, procèdent en introduisant la confusion dans les esprits. Le pire, pour les défenseurs les plus traditionalistes du Theravâda, c'est le jésuite du XVIIe siècle qui s'en va habillé en moine bouddhique par les rues et les rivières ; dans les années 1970, c'est le concile Vatican II qui prône une certaine acculturation et vise ainsi à mieux tromper les esprits bouddhiques, etc. Dans l'histoire, les souverains se montrent très accueillants envers les religions étrangères, à condition que leurs adeptes restent circonscrits dans des quartiers précis… et, pendant longtemps, un chrétien, même s'il ne se distingue plus des Thaïs ou des Khmers, est resté un « Portugais », un « Hollandais » ou un « Français »…

Au Cambodge, cette crainte de l'altération et de la confusion s'est trouvée démultipliée par la coupure d'avec le bouddhisme thaï que j'ai évoquée plus haut et, parallèlement, par une forte immigration de Vietnamiens aux traditions et à la culture très différentes. Cette immigration, favorisée dans le cadre de l'Indochine française et se soldant assez souvent par des mariages mixtes dans les régions frontalières ou dans les villes, fut toutefois le vecteur d'une amplification du thème de la sauvegarde de la pureté et du danger de la confusion… avec cette fois un accent ethnico-raciste prononcé. Tel est ce qui fut encore, à mon sens, amplifié et manipulé par les dirigeants khmers rouges, Pol Pot et Ieng Sary au premier chef, et qui culmina dans la dénonciation et la tentative d'éradication de la pire des confusions à leurs yeux : celle des individus cachant un esprit vietnamien dans un corps cambodgien ! « Distinguer », séparer les bons des mauvais, fut une obsession de cette triste équipe.

Par là, je demeure persuadé que les vieilles préoccupations de défense et de préservation de la religion créaient ainsi un terreau relativement favorable à l'éclosion de ce genre de folie.

À Blois, le dimanche 16 octobre 2005

Politique et religions. Un problème universel. Des problématiques multiples.

Conférence de clôture par René RÉMOND
Président des Rendez-vous de l'histoire

Nous voici donc au terme de ces trois journées tout entières dédiées à l'évocation des rapports entre religion et politique. Et voici le moment de clore ces journées. Telle est la charge et tel l'honneur qui m'ont été faits avec la présidence de ces journées. La place qui est assignée à mon intervention voudrait que je m'attache à tirer des conclusions. Il n'est aucun d'entre vous qui ne mesure la difficulté de la tâche quand il s'agit d'un rassemblement d'une pareille ampleur, d'une telle abondance de rencontres, de sujets, de thèmes. Soit dit en passant, j'admire la vaillance et la ténacité de ceux qui viennent à ces Rendez-vous de Blois et que ne décourage pas l'abondance des propositions qui leur sont faites. Il est évidemment impossible de récapituler ne serait-ce qu'un peu de la richesse et de la variété des sujets qui ont étét traités. Aussi plutôt que de tenter cette mission impossible, je voudrais prendre acte de quelques évidences qui se sont dégagées au cours de ces trois jours - j'ai essayé de suivre autant que faire se pouvait les moments les plus saillants de ces trois journées -, ou des observations qui nous paraissent telles, qui recouperont quelques-uns des propos que vous avez entendus et d'inscrire notre actualité, l'Europe, l'année 2005, dans une perspective historique en allant, selon une bonne méthode, du plus général au particulier. Je vous convie donc à revenir sur les implications et les enjeux de l'initiative qui a été prise de consacrer trois journées à réfléchir sur les rapports entre religion et politique.

L'universalité du problème

Il fut un temps, pas tellement éloigné, dans l'historiographie où l'on aurait hésité à inscrire ce mot comme thème de réflexion. Jeune historien, j'ai connu une Université où les historiens éprouvaient une certaine frilosité à l'égard du fait religieux. Il m'arrivera souvent d'employer cette expression de « fait religieux », que Régis Debray a contribué à accréditer, parce qu'elle est commode : elle est à la fois englobante et neutre. C'est un constat qui n'implique pas de jugement de valeur. Les historiens doutaient alors de la légitimité de l'intérêt de l'étude de la religion. Pour deux ou trois raisons qui paraissaient à l'époque assez déterminantes : d'une part la croyance religieuse était un fait tenu pour subjectif, individuel, alors que l'histoire est une science du social et ne s'intéresse qu'aux réalités collectives ; en second lieu, le religieux était considéré comme étranger à l'exercice normal de la raison, relégué dans la sphère de l'affectivité - pour certains il s'agissait même d'une anomalie, d'une aberration et l'historien ne s'intéresse pas à la pathologie des comportements. Mais en fait d'histoire religieuse il n'y avait guère d'intérêt que pour les relations conflictuelles entre politique et religion. Or il est bien clair que la démarche opérée par les Rendez-vous de Blois procède d'une tout autre inspiration. Je ne m'attarde pas à ce constat, j'en prends acte mais il est vrai que la persistance du fait religieux a sans doute contribué à en imposer la considération. On se rend bien compte, aujourd'hui, qu'agissant seul ou en composition, le fait religieux par ses exigences et ses conséquences fait partie de la réalité collective, concourt à faire l'Histoire : il est donc normal que l'historien l'intègre dans sa perspective. Il y a ainsi harmonie entre l'évolution de la réflexion historiographique, et la décision prise, récemment, par les pouvoirs publics, d'introduire dans les programmes de l'enseignement secondaire un aperçu sur le fait religieux. La référence au rapport Debray s'impose et il parait aujourd'hui aller de soi que pour entrer dans l'intelligence de nombre de réalités historiques, le fait religieux ne peut pas être exclu.

Venons-en au sujet proprement dit, tel qu'il est délimité par le rapprochement de ces deux termes : religion et politique. C'est donc un sujet de relation. Quels rapports peut-il y avoir entre religion et politique ? Dans un premier temps, nous réfléchirons sur ce qui les met en rapport ou les rapproche, ou les oppose. Toute relation demande à faire l'objet d'une réflexion critique car elle est souvent établie par une initiative de l'esprit : il n'est pas certain qu'elle correspond nécessairement à une relation objective dans la réalité. Par exemple nous avons l'habitude de lier l'économique et le social ou le social et le culturel, mais cela se justifie-t-il ?

Thomas Ferenczi, qui a écrit sur le sujet, dit que c'est une « liaison dangereuse ». Ce jugement vise davantage les rapports effectifs que le fait, pour l'historien, de s'intéresser à leur relation. Mais ce sujet est-il pertinent ? Il n'est pas trop tôt, ni trop tard pour évaluer la réponse qui a été apportée ni pour constater que le choix fait par les organisateurs a été gagnant. Pourtant, intellectuellement, spéculativement, la question se pose car les deux concepts, - politique er religion - se sont longtemps et continuent aujourd'hui encore à se définir par opposition. Je dis bien «opposition de concepts». Nous reviendrons plus tard à l'opposition de pouvoir, à la concurrence, à la compétition, à leur rivalité, aux tentatives d'ingérence ou d'immixtion. Mais restons-en, pour le moment, aux termes « politiques » et « religion ». Quand on essaie de les définir ou de les décrire, on le fait généralement terme à terme et par opposition. La religion est d'abord un fait de conscience, personnel, une croyance individuelle ; la politique est collective, c'est la vie en société, l'organisation de la collectivité et la réponse donnée aux problèmes posés par le vivre-ensemble. Première différence. La seconde qui ne prolonge pas la distinction entre privé et public provient de la religion qui introduit une dualité - tout au moins la plupart des religions : elles opposent l'au-delà à l'ici-bas, l'autre vie à la vie terrestre. L'objet de la politique est le temporel, le temps, l'histoire, la contingence, la société ; la religion, c'est l'intemporel, l'éternité, l'autre vie. Du fait de la distinction entre cette vie et l'autre, entre le visible, les activités politiques, et l'invisible, le vertical et l'horizontal, la religion est tournée vers l'autre vie, désigne une autre existence, dirige le regard vers un autre monde. Ajoutez encore pour l'histoire que les deux temporalités sont tout à fait différentes : la politique s'inscrit dans le court terme, même s'il y a des traditions, des effets de continuité, alors que la religion s'inscrit dans le très long terme, la longue durée. Les faits religieux persistent, durent, nos grandes religions ont quinze, vingt, vingt-cinq siècles d'existence. J'ai été frappé par la remarque que faisait Régis Debray dans sa conférence selon laquelle Mahomet, Jésus-Christ sont les contemporains d'aujourd'hui alors qu'on ne peut pas en dire autant d'Alexandre, César ou Charles Quint. Tout paraît opposer « politique » et « religion ». Les deux termes se définissent ainsi par exclusion.

Cette opposition a, à son tour, engendré une problématique, inspiré une politique : la Séparation s'inscrit dans ce contexte-là. Elle reprend notamment à son compte la distinction entre l'individuel et le collectif, le privé et le public : elle vise à établir entre les deux une cloison étanche qui préservera l'indépendance de la politique des ingérences éventuelles de la religion et garantira aussi la liberté de la conscience en interdisant à la puissance publique de s'immiscer dans le fonctionnement de la religion. C'est une des lectures possibles de la loi de séparation : c'est la conception qui a inspiré le législateur - c'était son espérance. La définition de la séparation que propose Émile Poulat comme privatisation du culte me paraît très pertinente : jusqu'en 1905, le service du culte ou des cultes est considéré comme une fonction régalienne dont l'État à la responsabilité ; de même que lui incombe celle de l'enseignement ou de la sécurité ou l'entretien des routes. C'est une attribution, il a des responsabilités à son égard. Tels étaient le rapport conceptuel entre les deux termes et la logique politique qui a inspiré la législation tendant à rompre les liens et à mettre fin à leurs relations.

Il faut bien reconaître aujourd'hui que l'espérance, ou le rêve, d'y mettre fin a été déçu. Jamais sans doute autant qu'aujourd'hui, le fait religieux n'a été présent dans le débat politique. Il y revient en force. On parle de retour *du* religieux. Expression équivoque : elle signifie que les questions religieuses sont de nouveau au coeur de notre société et posent aux pouvoirs publics des problèmes ; mais elle ne signifie pas « retour *au* religieux », qu'il y ait aujourd'hui plus de fidèles, que soient plus nombreux ceux qui croient ou pratiquent. Il faut se garder de déduire de l'un à l'autre. De l'irruption du fait religieux dans la vie politique, les manifestations sont innombrables. Par exemple, les débats à l'échelle de l'Europe sur les deux préambules : la conférence inter-gouvernementales s'est divisée à ce sujet, le problème religieux a failli créer un conflit entre la Commision et le Parlement Européen. Songez au problème de l'Islam, à la liberté des signes religieux etc. Le religieux revient en force comme problème. Le politique qui croyait en être débarrassé, s'y trouve de nouveau confronté. Il y a matière à une politique publique du fait religieux. Un indice mineur mais significatif est le soin que, depuis quelque quinze ans, les ministres successifs de l'Intérieur ont apporté à relever le titre, qui était tombé en désuétude, de Ministre des cultes. On se retrouve dans une situation qui apparemment apporte un démenti aux conclusions politiques qui avaient été tirées de l'opposition de ces deux termes.

Voilà qui nous oblige à réfléchir sur la nature du religieux dans son rapport au politique et nuancer, compléter la définition par une opposition terme à terme. Comment se fait-il que nous voyons revenir en force un ensemble de préoccupations et de questions que l'on croyait avoir définitivement écarté du débat politique ? C'est sans doute qu'on s'était arrêté à une définition incomplète, parce que trop étroite, du fait religieux. L'erreur vient - j'espère ce disant ne blesser personne - de la formulation adoptée par la Déclaration des droits de l'homme et du citoyen dans son article 10, qui est le socle sur lequel s'édifiera la laïcité de l'État : la formule est assez alambiquée car l'idée est si neuve, à l'époque, que les Constituants reculent presque devant l'idée de l'énoncer positivement. Ils le font par négation : « Nul ne peut être inquiété pour ses opinions même religieuses ». La religion est-elle une opinion ? C'est le problème. Cet énoncé la réduit à une opinion individuelle, une opinion libre et privée, comme si le fait religieux tout entier était enfermé dans la conscience individuelle. Or la religion, comme d'ailleurs toute opinion philosophique, ou l'adhésion à une idéologie, n'est pas seulement un fait de la conscience privée. C'est une conviction qui comme telle a des effets et emporte des conséquences.

D'abord, la croyance religieuse affecte le comportement social des individus. Elle contribue à former leur jugement, à orienter leur conduite. L'appartenance à une confession religieuse a des incidences sur leur comportement en société. C'est tellement vrai qu'on a vu se développer en France simultanément et parallèlement les études de sociologie électorale et les recherches de sociologie religieuse et les mettre en rapport. La grande interrogation qui est le fil conducteur de toutes les recherches de l'école française de science politique en sociologie électorale consiste à isoler le motif qui fait qu'on vote à droite ou à gauche. Au cours de ce demi-siècle, et même un peu plus car les travaux pionniers d'André Siegfried remontent à plus d'un siècle, on a passé en revue toutes les variables imaginables depuis la nature du sol et la géologie, la répartition de l'habitat, le niveau de diplôme etc. La conclusion qui reste encore valide aujourd'hui est qu'aucun paramètre n'est aussi explicatif ni prédictif que l'appartenance religieuse. C'est donc qu'il y a bien un effet de la croyance religieuse individuelle sur les choix politiques de la personne et le comportement électoral du citoyen. Elle ne peut pas laisser indifférentes les sciences sociales.

Le second trait qui explique que la religion entretienne des rapports avec la politique ou lui pose des questions est que la religion n'est pas seulement une juxtaposition d'adhésions individuelles. Elle a une dimension collective: c'est un fait social. Elle donne naissance à ce qu'on aurait appelé jadis une « communauté »; mais le mot « communauté » se charge aujourd'hui d'une autre connotation qui dans certains cas, se confond avec la première. C'est un problème majeur que de faire en sorte que les communautés religieuses présentes dans la société globale ne constituent pas des ensembles à ce point contraigants que l'adhésion à la communauté nationale ne se fasse que par le canal des communautés particulières. Une des définitions que la Commission Stasi a proposée de la laïcité était que la solidarité nationale prenne toujours le pas sur les solidarités particulières religieuses. Mais la religion donne naissance à des groupements, à des « communautés ». La religion implique une célébration. C'est si vrai que le seul terme qui soit connu des politiques, le seul utilisé par le vocabulaire administratif - on ne trouvera jamais dans les textes le mot « religion », pas plus d'ailleurs que « laïcité » - c'est le mot « culte ». C'est celui qu'utilise la loi de Séparation. On n'a pas assez médité, à mon sens, sur ce paradoxe qui est l'expression de la complexité de la situation : cette loi a pour objet de privatiser la religion, de mettre fin aux relations qui unissaient jusque-là, pour le meilleur et le pire, « religion » et « politique », ne désigne la religion que par sa dimension la plus visible, la plus sociale, la plus collective, le culte. Rien n'est plus erroné que la lecture que certains en font et selon laquelle la loi de Séparation interdirait qu'il y ait une expression sociale, une présence visible du fait religieux dans l'espace social. La loi de Séparation organise les cultes. Puisque les croyants d'une même foi se réunissent pour célébrer, ils font partie d'un paysage social, la religion est un objet pour l'histoire sociale.

La troisième raison qui explique qu'on ne puisse pas les dissocier complètement est que la plupart des révélations diffusées par les religions impliquent une conception de l'homme, proposent une définition de sa nature, de sa condition, véhiculent une anthropologie. Ceci n'est pas sans conséquence sur le statut des personnes, les relations interpersonnelles, la législation, le droit ; le fait religieux apporte une vision de la société idéale, plus ou moins cohérente selon les confessions, une morale, un enseignement.

Trois raisons pour que la politique, qui a la responsabilité de la société globale, ne puisse pas ignorer le fait religieux. Ajoutons ce qui retient le plus l'attention mais qui n'en est somme toute que la déduction ou l'application - que les communautés religieuses deviennent des forces, élaborent des stratégies, entendent régenter les conduites individuelles et collectives. En sens inverse les pouvoirs sont tentés de les utiliser ou de les instrumentaliser souvent. Enfin c'est une façon de marquer son identité. En conséquence, les rapports entre « politique » et «religion», quelque forme qu'ils prennent, font partie de la réalité sociale. C'est vrai de toutes les religions, et dans toutes le sociétés. La diversité des époques évoquées au cours de ces trois jours à Blois administrait la preuve la plus éclatante que le problème est universel. Ne concluons pas de ce qu'il est universel qu'il se pose à tout homme et que l'homme serait naturellement religieux. C'est une autre question. Que les apologètes des différentes religions ne se pressent pas de prendre acte de cette universalité pour conclure que tout le monde est religieux ! Mais le problème de leur rapport au politique est bien universel. Établir entre eux une séparation absolue relève de l'utopie. Universel, universalité ne signifie pas unité, ni uniformité. Dire que le problème est universel n'implique pas qu'il n'y ait qu'une solution et qu'elle soit la même partout. Bien au contraire.

La pluralité des problématiques

Régis Debray avait défini son rôle comme « la recherche de l'invariant ». Il avait mis l'accent sur l'unité en rapprochant les civilisations, les âges, de la préhistoire aux périodes les plus récentes. mais il vait aussi annoncé que viendrait après lui l'historien attentif à la complexité et à la diversité. Nous savons bien en effet que l'histoire s'écrit au pluriel et que l'historien ne saurait trop se défier des systèmes d'explication, monistes et même dualistes. Le nombre de l'histoire, ce n'est ni le singulier, ni le duel mais le pluriel.

Le moment est donc venu de plaider pour la reconnaissance de la pluralité, de constater la diversité des problématiques. Ce principe de la pluralité s'applique au religieux aussi. Il est connu pour ses relations avec le politique. Il y a lieu de s'interroger sur la pertinence du vocable introduit par Régis Debray : il parle du fait religieux au singulier. Il n'a pas tort en un sens, mais est-ce que le fait religieux est unitaire ? Est-ce une bonne méthode que de mettre l'accent essentiellement sur ce qui rapproche ses expressions ? Pendant des siècles, on a plutôt mis l'accent sur ce qui séparait, et divisait les religions. Pour des motifs tout à fait respectables, l'accent est mis aujourd'hui pour le meilleur comme pour le pire davantage sur le rapprochement. On souligne, on met en valeur ce qu'elles ont en commun, le respect mutuel qu'elles se témoignent. On fait de l'inter-religieux. Cette démarche est justifiée et complémentaire. Mais il ne faudrait pas qu'elle s'exerce au détriment de la reconnaissance de ce qui fait les religions différentes. Elles ne sont pas interchangeables. Il convient d'introduire dans la variété des religions des distinctions, d'établir une typologie.

Deux distinctions entre autres nous intérressent pour ce qui est de leur rapport au politique : la première, entre les religions particulières et les religions tendanciellement universelles. Les religions de l'Antiquité sont des religions de la cité. Quand les Athéniens célèbrent le culte d'Athéna, ils n'envisagent pas de le propager, ils n'envisagent pas d'en faire la religion de la Grèce entière ou de l'humanité. Il n'y pas d'activités missionnaires, la religion est le bien propre d'une cité, d'un peuple. c'est un marqueur identitaire. Il est difficile de dire ce qui l'emporte de l'appartenance à la cité et de l'adhésion au culte d'Athéna. Les grandes religions d'aujourd'hui, celle qu'on a à l'esprit lorsqu'on évoque le problème « politique et religion », ont fait éclater les cadres étroits. Elles sont entrées en conflit avec les particularismes nationaux. Elles se répandent par des voies différentes car leur histoire n'est pas la même. L'expansion de l'Islam s'est faite par la conquête, par l'épée, pas le bouddhisme ni le christianisme qui au contraire ont connu d'abord des persécutions. Mais les unes comme les autres ont vocation à devenir universelles. Les problèmes posés par le rapport avec la politique sont tout différents selon que la religion est confinée dans le cadre étroit d'une identité nationale ou qu'elle transcende les particularismes nationaux. Il y aurait lieu d'évoquer toute l'histoire complexe des relations que le sentiment religieux entretient avec le sentiment national : des relations variables, composante importante de notre sujet.

Une autre distinction retrouve aujourd'hui une actualité imprévue et inattendue. C'est la distinction entre les religions polythéistes et les religions monothéistes. À en croire certains, elles appelleraient des appréciations différentes et contrastées. C'est généralement, pour faire le procès des monothéismes et l'éloge des polythéismes. À ma connaissance, la première exploitation de cette distinction a été faite par une école de pensée qui eut la vedette quelques mois, il y a un quart de siècle, « la nouvelle droite ». Elle exaltait le polythéisme de l'Antiquité gréco-latine, le polythéisme scandinave, védique, et autres, essentiellement pour faire le procès du christianisme. La nouvelle droite lui reprochait d'avoir introduit dans l'imaginaire collectif le poison de l'égalitarisme qui, en disqualifiant les élites, aurait conduit les peuples à la perdition. Nous retrouvons cette distinction aujourd'hui sous la plume d'un Michel Onfray qui évoque les temps bénis du polythéisme où l'homme pouvait vivre heureux alors que les monothéismes lui ont pourris l'existence.

On impute au monothéisme, religion d'un Dieu unique, l'origine et la responsabilité du totalitarisme et de la pensée unique, alors que le polythéisme permettait la liberté d'expression. Je ne sache pas que les adorateurs de Baal aient bénéficié d'une grande liberté d'expression. Ce sont des fantaisies archéologiques mais avec lesquelles il faut compter. Les monothéismes posent peut-être dans leur rapport avec la politique d'autres problèmes que le polythèisme. La différence nous rappelle à la vérité que le phénomène religieux n'est pas homogène, en particulier dans ses rapports avec la politique.

Les religions sont différentes les unes des autres par leur contenu dogmatique et le bref rappel que je viens de faire donne à penser qu'il n'est pas aussi indifférent que l'on croie à un Dieu unique ou à plusieurs - mais il y a des différences plus profondes dans la conception même que les religions se font de leur rapport à la politique. Pour certaines, c'est tout un. Religion et politique se compénètrent ; pour d'autres elles se distinguent. À cet égard la tradition judéo-chrétienne présente ou une singularité, ou une antériorité - mais l'antériorité est aussi une façon d'être singulier. Il y a peu de textes sacrés dans les autres religions où l'on trouve l'équivalent de la distinction que rapporte l'Évangile entre ce qui appartient à Dieu et ce qui relève de César. Il ne faut certes pas surévaluer la signification de ces versets et leur faire dire plus que ce qu'ils disent. Il reste, tout de même, que l'on trouve dans un texte sacré une distinction claire entre deux plans de la réalité, deux sociétés. On peut y voir le germe de l'autonomie de la société que nous appelons civile et politique avec en contrepartie la non-ingérence dans la religion. La suite immédiate l'a justifié et illustré puisque ce pourquoi les fidèles de cette religion sont persécutés, c'est précisément la distinction entre le for interne et la soumission aux lois de la cité. Pour quelles raisons les chrétiens sont-ils traduits devant les tribunaux romains, condamnés et persécutés ? Leur comportement comme citoyen est irréprochable : ils payent l'impôt, ne prêchent pas la subversion, certains d'entre eux servent l'Emprereur dans l'armée, mais il y a un point sur lequel ils refusent de se soumettre : la croyance en Dieu. En un sens, il n'est pas excessif de dire que les martyrs chrétiens sont les premiers témoins de la liberté de conscience. Même si par la suite on peut estimer que leur

Église l'a oublié. Voilà dans les rapports entre « politique et religion », une distinction essentielle que les religions ne font pas toutes.

D'une certaine façon on peut discerner dans cet apport le germe - même si la pratique a pu le perdre pendant des siècles - de ce que nous appelons aujourd'hui « laïcité ». Il n'y a pas grand chose d'analogue ou de comparable dans la plupart des autres religions : ou le problème n'est pas posé, ou il n'est pas résolu de même. Il y a alors un seul droit : le droit religieux qui est le droit de la cité. La revendication de la charia, c'est précisément l'affirmation que la loi religieuse doit être la loi civile. On peut regretter qu'il en ait été lontemps ainsi dans les sociétés européennes chrétiennes : jusqu'à leur sécularisation, les codes civils ou pénaux étaient la trancription séculière de l'enseignement du Magistère chrétien. L'Église catholique disant que le mariage était indissoluble, la société faisait de l'indissolubilité la règle sociale et interdisait aux époux de se séparer. Mais une évolution s'est faite et depuis on verra la singularité de l'Europe à ce sujet. Il y a donc des différences notables dans la conception des rapports entre religion et politique.

Mais bien d'autres différences existent à l'intérieur d'une même religion ou entre ses diverses confessions. Schématiquement, les grandes confessions chrétiennes n'ont pas à l'égard de la société exactement la même position. Leurs spiritualités sont différentes, l'orthodoxie est plus tournée vers le culte, la louange, la célébration liturgique ; elle se soucie peu de l'engagement dans la société ; quant aux rapports avec le pouvoir, l'histoire fait que ces églises ont été dans la dépendance du Tsar ou du souverain. Les églises de la Réforme sont davantage préoccupées par l'engagement individuel mais entre l'enseignement de Luther et de Calvin, il y a des différences. C'est probablement le catholicisme romain qui va le plus loin dans la définition d'une doctrine sociale. Paul Veyne a évoqué ici un infléchissement imprimé - et il n'avait pas tort de dire que c'était probablement un effet de la démocratie ou d el'expérience des sociétés - à partir de Léon XIII. C'est le point de départ d'une évolution qui fait que progressivement le magistère romain a construit, document après document, une vision globale de la société à partir de la « question sociale » c'est-à-dire le rapport entre les salariés et le patron, les travailleurs et les capitalistes ; progressivement l'enseignement s'est étendu aux relations internationales, à l'organisation de la paix, au développement. C'est finalement une vision complète qui s'est ainsi élaborée en un siècle au nom de l'idée qu'aucune activité collective de l'humanité n'échappe au jugement de la conscience morale. C'est ce postulat qui justifie de la part du magistère catholique la condamnation du libéralisme, au motif qu'il interdit d'introduire dans le fonctionnement des mécanismes économiques des considérations étrangères qui ne peuvent que détériorer le système. C'est au nom du même principe que l'Église catholique condamne aussi dans les relations internationales la raison d'État érigée en absolu. Il y a des différences d'une confession chrétienne à l'autre. Je vois que dans l'islam aussi, entre les Sunnites et les Chiites, il y a des différences de conception de la politique. Ajoutez que se greffent sur ce fait des spiritualités différentes pour une même confession. Il en est qui se désintéressent du monde d'ici-bas : tout une littérature spirituelle professe qu'une seule chose compte, préparer le salut éternel. Une autre tradition considère que ce serait irresponsable et que c'est dans l'action quotidienne que se vérifie l'authenticité de la foi.

Quant aux conséquences proprement politiques ou politiciennes, elles nous renvoient à l'évocation de leur interdépendance et à la corrélation entre sociologie religieuse et société politique. Là encore la diversité est extrême. Gardons-nous de généraliser à partir d'une expérience singulière. Il est vrai que l'histoire de notre continent, depuis la Révolution, a plutôt établi entre la religion en général, et singulièrement le christianisme et le catholicisme, une corrélation avec la conservation sociale et politique. Mais si l'on élargit la perspective, cette corrélation est contestée. Et si on l'étend à d'autres périodes, on découvre que la religion peut être aussi bien ferment révolutionnaire que facteur de conservation. La pluralité n'est pas seulement dans la diversité des religions ni dans la diversité à l'intérieur de chacune, elle est celle aussi des interprétations, des lectures des textes sacrés et pour une même tradition spirituelle dans la succession des temps, surtout s'il y a des autorités pour interpréter les textes et orienter l'évolution. Cette diversité est la conséquence du fait qu'elles vivent dans le temps. Les religions ne peuvent ignorer que l'évolution leur pose des questions auxquelles elles peuvent être tentées de répondre par la crispation, le raisissement, la régression, le retour aux origines, par l'interprétation littérale, bref la réaction fondamentaliste. Ce qui ne fait qu'accroître le divorce avec la société. C'est une réaction première si elles ne se sentent pas assez fortes pour engager une réflexion critique à la recherche d'une réponse plus pertinente aux défis de la modernité.

À la lumière de cette opposition entre l'universalité du problème et la pluralité des problématiques, on pourrait relire l'histoire de leurs rapports et notamment de l'instauration d'un régime de laïcité. À cet égard la France a vécu successivement deux mutations : il y eut d'abord l'ancien régime, où le fait religieux était autant que le fait national le principe de l'unité du corps social. Les sociétés étaient imbues du postulat selon lequel la cohésion du corps social, l'unité de la Nation exigent l'adhésion à une croyance commune énoncée par la vieille devise de la Monarchie française : « Une foi, une loi, un roi ». Les trois termes sont inséparables. S'il y a plusieurs fois, la loi est ébranlée et le loyalisme à l'égard du Prince menacé. Toutes les sociétés européennes reposent sur ces principes, même celles qui admettent une certaine pluralité : elles n'accordent pas l'égalité des droits pour ceux qui n'adhèrent pas à la religion dominante - même l'Angleterre, présumée plus libérale. Si j'ai pu tout à l'heure dénoncer la non-pertinence de la définition adoptée par les Constituants de la croyance religieuse comme une opinion individuelle, il faut aussi reconnaître que cette déclaration fait de la France la première grande nation qui opère la dissociation de la citoyenneté et de la confession, garantie de la liberté de conscience, qui est la raison d'être, la finalité de la laïcité, la possibilité pour chacun de choisir sa religion, d'en avoir ou de ne pas en avoir, ou encore d'en changer. Quand on songe qu'aujourd'hui encore il y a des États où la loi stipule que le fait de changer de religion est passible de la peine de mort, on mesure l'ampleur de la révolution amorcée par l'initiative des Constituants et aussi le chemin qui reste à parcourir pour que ce devienne un principe universel : deux siècles plus tard, la partie n'est pas encore gagnée partout. C'est aussi la dissociation de l'identité nationale et d'une religion. La porte est ouverte à la pluralité des cultes et à la neutralité de l'État. Telle est la première mutation.

La seconde est moins importante, mais elle nous concerne directement ; elle a été remise en actualité par la commémoration de la loi du 9 décembre 1905 qui a fait l'objet de lectures successives. Dans le contexte conflictuel de 1905, la première ne va pas dans le sens de l'apaisement : il fallait mettre fin à une situation où les Églises exerçaient une tutelle sur les conduites individuelles. La rupture ne pouvait probablement pas se faire sans conflits. Mais à la première interprétation qui définit la laïcité par l'exclusion du religieux s'est substituée peu à peu une lecture plus ouverte. Pour reprendre la distinction énoncée par Régis Debray dans son rapport : à une « laïcité d'incompétence », qui exclut de son champ d'observation le religieux et le discrimine, a succédé une « laïcité d'intelligence » qui reconnait le fait religieux comme n'importe quel autre fait social, qui le banalise sans cependant perdre de vue sa spécificité, de même qu'on n'aurait pas idée de nier la spécificité du fait culturel ou artistique. La meilleure définition de la laïcité serait à mon sens précisément « ni exclusisve, ni privilège ». L'Europe donne l'exemple de sociétés principalement chrétiennes qui ont connu des évolutions diverses.

Mais cette pluralité est en voie d'être dépassée. Dans l'Europe aujourd'hui, il y a comme une convergence des expériences. Il y a peu, l'éventail était très ouvert, des pays qui proscrivaient toute religion à ceux qui avaient une religion d'État et qui interdisaient toute autre religion que la religion reconnue. Aujourd'hui, ces cas extrêmes ont disparu. Sur le continent européen, il n'y a plus de pays où la liberté religieuse soit méconnue. Il n'y en a pas davantage qui imposent une religion. Tous admettent la distinction entre la citoyenneté et la confession. C'est si vrai que les autorités européennes de Bruxelles se sont cru autorisées à faire des observations au gouvernement grec et à l'obliger à effacer la mention de l'appartenance religieuse sur la carte d'identité. Cette intervention signifie que les 15 pays qui constituaient l'Union faisaient leur article 10 de la Déclaration des Droits de l'homme et du citoyen : un siècle et demi après, il était devenu la règle. La Charte européenne des droits qui a été l'objet d'un consensus de la Convention reconnaît à la fois la liberté personnelle, que le facteur religieux ne peut plus être un principe de discrimination, qu'il comporte une dimension collective, que la pluralité est le régime de droit commun, et que la liberté du culte doit être garantie. Cette vaste évolution montre que le rapport entre politique et religion n'est pas immuable. Il n'est pas établi une fois pour toutes. Il est sujet d'histoire et objet d'histoire. La relation d'indépendance réciproque entre la religion et la politique constitue aujourd'hui une des originalités de l'Europe. C'est un élément de son identité. Ce peut être un de ses apports à la civilisation : elle propose aujourd'hui après s'être déchirée un modèle de relation apaisée entre religion et politique. Le doit-elle à la religion qui a joué un rôle prédominant dans sa formation, le christianisme, à cause de la distinction fameuse entre ce qui relève de Dieu et ce qui relève de César ? Je laisse la question ouverte et j'en pose une seconde : cette expérience qui est une réussite de la sagesse des politiques, du réalisme des administrations et des Églises, est-elle extensible à d'autres religions ? C'est le problème que pose la présence nouvelle de l'Islam en terre d'Europe. C'est aussi le prochain chapitre de l'histoire de la laïcité dans notre société.

Je vous remercie de votre attention.

À Blois, le dimanche 16 octobre 2005

Aux éditions Pleins Feux

Collection Lundis philo
dirigée par Didier Périgois

Peut-on imaginer l'amour heureux ?
Pierre-Yves Bourdil
Comment mourir dans la dignité ?
Henri Caillavet
Le Différend des sexes. De Platon à la parité
Françoise Collin
Le Bonheur, désespérément,
André Comte-Sponville
Pourquoi apprendre ?
Charles Coutel
Comment vivre avec la mort ?
Françoise Dastur
Est-ce le cerveau qui pense ?
Patrick Dupouey
Faut-il réhabiliter l'utopie ?
Christian Godin
Le corps peut-il nous rendre heureux ?
Jean-Marie Frey
Science et citoyenneté
Albert Jacquard
Faut-il faire des enfants ?
Bruno Jay
Le sujet et son désir
Robert Misrahi
La Vie a-t-elle un sens ?
Daniel Ramirez
Quel avenir pour la psychanalyse ?
Guy Rousseau

L'irrationnel nous menace-t-il ?
Jean-Michel Besnier

COLLECTION **VARIATIONS**
DIRIGÉE PAR JEAN-MARIE KRUMB

(n° 1) JEAN-MARIE FREY
« L'obéissance à la loi qu'on s'est prescrite est liberté » (Rousseau)
(n° 2) PIERRE-YVES BOURDIL
« L'homme est une passion inutile » (Sartre)
(n° 3) CHRISTIAN GODIN
« Nul n'est méchant volontairement » (Platon)
(n° 4) ÉTIENNE NAVEAU
« L'enfer, c'est les Autres » (Sartre)
(n° 5) PIERRE MAGNARD
« Il se trouve plus de différence de tel homme à tel homme que de tel animal à tel homme » (Montaigne)
(n° 6) DOMINIQUE DOUCET
« Aime et fais ce que tu veux » (Saint Augustin)
(n° 7) ALAIN LAGARDE
« Le cœur a ses raisons que la raison ne connaît point » (Pascal)
(n° 8) MICHEL ÉLIE MARTIN
« La nature est un livre écrit en langage mathématique » (Galilée)
n° 9) GILLES LAZUECH
« Toute confiance est d'une certaine manière confiance aveugle » (Anthony Giddens)
n° 10) ETIENNE NAVEAU
« La foule, c'est le mensonge » (Sören Kierkegaard)
(n° 11) DENIS MOREAU
« Je pense donc je suis » (Descartes)
(n° 12) Pierre Billouet
« Comment se peut-il qu'un enfant soit bien élevé par qui n'a pas été bien élevé lui-même » (Rousseau)
(n° 13) JEAN-MARIE FREY
« Le Moi n'est pas maître dans sa propre maison » (Freud)
(n° 14) BERNARD ANDRIEU
« Le seul crime réel de l'homme serait de troubler l'ordre de la nature » (Sade)

(n° 15) NATHALIE MONNIN
« On ne naît pas femme : on le devient » (Simone de Beauvoir)
(n° 16) DOMINIQUE DOUCET
« Ne cesse pas de sculpter ta propre statue» (Plotin)
(n° 17) JÉRÔME PORÉE
« Il y a tant de défaut en la vieillesse, tant d'impuissance » (Montaigne)
(n° 18) JEAN-JACQUES WUNENBURGER
« Le combat est le père de toute chose » (Héraclite)

Collection **Hors collection**

L'École de la philosophie, Charles Coutel
Quelle crise de la culture ?, Joël Gaubert
Négationnisme et Totalitarisme, Christian Godin
Libéralisme politique et pluralisme culturel, Alain Renaut
Peut-on tout pardonner ?, Jacques Ricot
Réflexions sur trois sagesses, André Stanguennec
Athéisme et matérialisme, aujourd'hui, Yvon Quiniou
L'Imposture du choc des civilisations, Marc Crépon
De l'inexistence d'un devoir de mémoire, Jean-François Theullot
Orienter l'Europe, Charles Coutel

COLLECTION « L'IMPENSÉ CONTEMPORAIN »
dirigée par Gérard Laniez

Joel-Peter Witkin, l'angélique et l'obscène, Hervé Castanet, Pleins Feux, 2006.
Violences sexuelles faites à enfants, Jean-Pierre Klein, Pleins Feux, 2006.
De l'adolescence errante, Olivier Douville, Pleins Feux, 2006 (à paraître).

Éditions Pleins Feux
46, avenue Bérenger
44100 Nantes

Cet ouvrage a été achevé d'imprimer
par l'imprimerie Lussaud à Fontenay-le-Comte (85000)
Dépôt légal n° 4255 : octobre 2006
ISBN : 2-84729-060-5